Top salespersons never have bad habits of action

トップセールスが
絶対やらない
営業の行動習慣

渡瀬 謙
Ken Watase

日本実業出版社

売れる人との違いは、小さな「行動習慣」にあった！ ―― はじめに

私が売れない営業時代は、売れている営業マンを見ると、なんだか雲の上の存在に感じていました。やることすべてが別次元なのだろうなあ、と思っていたものです。

ところが、実際に自分がトップセールスになると、じつはそれほどの違いがなかったことにようやく気づきます。


売れる人と売れない人の差は、ほんのわずかです。

見た目ではわからない無意識レベルの小さな違いが、結果を大きく分けていました。

本書は、売れている人が当たり前のように行っている行動習慣に着目することで、その小さな差を埋めるためにまとめたものです。

とくに、**自分では気づかずにやっていた「売れない行動」を、きちんと認識することが重要**です。

普段、何も考えずに行っていることが、売り損じる原因になっていたら……。怖いですよね。

・お客さまの心が離れてしまったのは、あのひと言が原因だった
・信頼を失ってしまったのは、あの小さな行動をしたからだった
・お客さまを失望させたのは、よかれと思ってやったことだった

それまでどんなによいことをしていたとしても、無意識でやってしまった小さなミスが売れない原因になっていました。

売れている人に共通するのは、**「致命的なミスをしないこと」**だったのです。

私は子どもの頃から内向的で、人の顔色ばかり気にする性格でした。

相手に不快な思いをさせたり、嫌われたりすることを極端に恐れていました。ところが営業職になると、お客さまの気持ちに寄り添うよりも、自分が営業らしく振る舞うことばかりに意識が向いてしまって、結果、売れませんでした。

のちに本来の性格に従って、お客さまに意識を向けるようになってからは、ようやく成果が出るようになりました。

いま思えば当たり前のことですが、売れないときには自分の振る舞いにばかり目が向いてしまうものです。

本来の営業の仕事は、お客さまの言動をしっかりと受け止めて、お客さまに適した対応をすることです。

売れている人の行動習慣は、そのすべてがお客さまに寄り添ったものになっています。小さなことのように見えても大きな意味があります。

日々のご自身の行動と比べながら、ひとつでも修正点を見つけてみてください。

それはこれからの営業の大きな力となるでしょう。

ぜひ、売れる人の仲間入りをしてください。

2023年5月

渡瀬　謙

トップセールスが絶対やらない営業の行動習慣――もくじ

第2章 迷いを解消する「判断」の習慣

第3章 無意識に言っている「ログセ」の習慣

第4章 売れる営業の「思考」の習慣

第5章 オンライン時代に有効な「コミュニケーション」の習慣

第6章

持続して成長する「モチベーション」の習慣

ブックデザイン　小口翔平＋後藤司＋青山風音
（tobufune）
カバーイラスト　田渕正敏
DTP　ダーツ

第1章

大きな成果を生む 小さな「行動」の習慣

01

「遅れてすみません」を使わない

これまで一度も遅刻をしたことがない人は、ほとんどいないでしょう。学生時代から私もよく遅刻をしていました。もちろん許されることではありません。できる限り時間に遅れないように行動したいものです。

「大丈夫だよ」の裏にあるもの

営業は基本的に毎日不規則に行動をする仕事です。内勤なら決められた時刻に出社すれば遅刻にはなりませんが、営業はお客さまとのアポイントの数によって、遅刻する可能性が多くなりがちです。

また、自分では間に合うように行動していても、電車が遅れたり、道が混んでいたりと、不可抗力によって遅刻になるケースも多いでしょう。

でも、理由はどうあれ、結果として遅れてしまうことに変わりはありません。

「遅れてすみません」

と謝ることになります。

すると、たいていのお客さまはこう言います。

「大丈夫だよ」「問題ないよ」「全然待ってないよ」

それを聞いた営業は、〝許してもらえた〟と思って安心します。

ただ、それは単なる錯覚に過ぎないことを自覚しておきましょう。


遅刻してきた営業に対してお客さまが思うのはこのようなことです。

・この営業は平気で遅刻をする人なんだ
・顔には出さないけど、ちょっと不快だな
・大事な仕事で遅刻をされたら困るな

もちろん、すべてのお客さまがそうではないでしょうが、少なからずこう感じる人がいるのは事実。いい印象にはなりません。

そうだとしたら、その後の付き合いにも大きな支障が出ます。

売れている人は「遅刻をしない」行動をとる

売れている人は1秒でも遅刻をすることの怖さを知っています。遅刻をすれば、マイナスの印象にしかなりませんし、何よりも「すみません」から会話をスタートすることになります。これから対等にビジネスの話をしようとするときに、自分の立ち位置を下げる振る舞いは絶対に避けたいですよね。

私は、**約束の30分前には客先に到着する**ようにしています。そうすれば、途中で乗り物などのトラブルがあったときでもたいていは間に合います。早く着きすぎたら近くで休みながら、打ち合わせの予習をしたりします。**何よりも時間ギリギリで焦ることもなくなるので落ち着いて商談ができます。**

それでも、万が一、遅れてしまうことがわかったら、すぐに連絡を入れるのは最低限のマナーです。

一度でも信頼を損なうと、それを挽回するのはとても大変です。

売れる営業マンを目指すなら、絶対に遅刻はしないと心に決めて行動しましょう。

1秒でも遅刻してはいけない

NG

少しの遅刻なら許されると思っている

たとえお客さまが笑顔で「大丈夫だよ」と言っても、安心しないこと。心の中では「ダメなヤツ」と思われていることを知っておきましょう。

OK

絶対に遅刻しない行動をとる

スケジュールもギリギリに詰め込んだりせずに、常に余裕のある行動をとること。空き時間は本を読むなど、自分の時間にあてるとよいでしょう。

02

「今度、食事でもしましょう！」と誘わない

営業をやっていると、その場の雰囲気でつい口約束をしてしまうことがあります。なかにはあいさつがわりに言っている人もいるでしょう。でも、こちらがあいさつだと思っていても、相手はどう受け取っているのかわかりません。

あいまいな言動は誤解の元になります。

トップセールスはどのようにしているのでしょうか？

安易な口約束は評価を下げる

「今度、お食事でも！」と言うのは、気軽な声がけとして悪くはありません。お客さまとの関係性もいいからこそ言える言葉です。

ただ、それが単なるあいさつがわりの口グセになっているだけだとしたら危険です。

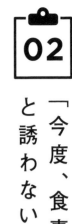

相手によっては本当に食事の誘いを楽しみに待っているかもしれません。そうとも知らずにスルーしていると、**「約束をすっぽかす人」という悪い印象**になってしまう可能性もあります。口先だけの営業マンと思われたらマイナスです。

ビジネスとは直接、関係ないから問題ないだろう、と甘く見ている人もいるようですが、それは自分だけの勝手な解釈だと思っておきましょう。

営業は常に相手が存在する職業です。しかもその相手は機械ではなく生身の人間です。こちらの思惑どおりには反応してくれません。

自分としては軽い話題だったとしても、相手側には重く受け取られることだってあるのです。それを理解していれば、安易な言葉は出せないはず。

軽口をたたいて笑いをとるのもいいですが、**軽いだけの人間だと思われないように、締めるところはきちんとする**態度こそ重要です。

小さな約束こそ本気で守る

売れている営業マンは、「今度、お食事でも！」のような言葉でも戦略的に使っています。その場限りの誘いではありません。必ず**「どこがいいですか？」「いつにし**

ましょうか？」とその場で予定を決めはじめます。

そうすれば単なる口約束にはなりません。

この行動だけで、「この人は約束を守る人なんだな。きちんとしているな」という好印象を与えることができます。

小さなことですが、このようなことの積み重ねこそが、お客さまからの信頼につながっていき、そのうちに大きな仕事を任せられるようになるのです。

小さな約束でも本気で守る姿勢を、お客さまにアピールしましょう。


そしてもちろん、自分も会食を楽しみにしていることが前提です。あまりに戦略だけが目的でもいい関係性は築けません。おいしそうに食べる姿を見せて、会食を楽しむこと。それが相手への気づかいでもあるのです。

さらに言うと、そのような食事の場では、割り勘が好ましいです。おごりじゃなくてもまた一緒に行きたいと相手に思わせること。そこも営業の力量が試される場面です。

軽い口約束は絶対にしない

NG

小さな約束を安易にしてしまう

「今度、お食事でも！」「今度、ゴルフに行きましょう！」など、あいさつだけの約束を繰り返していると、軽い人間に思われてしまうので気をつけましょう。

OK

どんな約束もきちんと守る

小さな約束でも守る姿勢を見せることが重要です。たとえ仕事と関係ないことでも、きちんとしている態度が、本来の仕事への信頼度を上げてくれます。

03

できない理由で言い訳をしない

お客さまから質問されて、ちょっと答えにくいなと思ったことってありませんか？聞かれているのですぐに答えなくてはいけないと焦ったりします。そんなときについやってしまいがちなのが、長々とした説明です。自分では説明しているつもりでも、「それって単なる言い訳だよね」と思われてしまうことが多いもの。では、どうすればよいのでしょうか。

丁寧に理由を説明したがる悪いクセ

営業マンによくありがちなことですが、きちんと説明すれば相手は納得してくれるものだと思っている傾向があります。でも実際には違いますよね。どんなに上手に説明できたとしても、そう簡単には相手は理解してくれません。

たとえば、お客さまから「納期をもうちょっと早めてほしい」と言われたとき。スケジュールがギリギリでとても無理な状況だとしたらどう答えますか？

「いやあ、いま工場も手いっぱいの状況でして、新しい案件も断っているところなんですよ。もちろん御社のためにも納期を早めたい気持ちはあるのですが、たぶん難しいと思いますよ……」

という感じで、現場の細かい状況や、なんとかしたい気持ちがあることなど、いろいろとしゃべってしまいがちではないでしょうか。できない理由をきちんと説明したい気持ちもわかります。そうして丁寧な説明をすることが、お客さまへの誠意だと思っている人もいるかもしれません。

でも、**お客さまが知りたいのは、「できるかどうか」**です。ある意味で理由はどうでもいいのです。できない言い訳を長々と説明されても、問題の解決にならないからです。

延々と結論が見えない話を聞かされているお客さまは、イライラしています。

では、どうすればいいのでしょうか。

言いづらいことでも結論から伝える

できないのなら「できません」と先に結論を伝えましょう。

お客さまが聞きたいことを最優先して答えます。

そのうえで、お客さまの課題をどうしたら解決できるかを一緒に考えようとするのが、売れている営業マンです。

「納期を早めたい理由はなんですか？」

「それはほかの方法で解決できませんか？」

このような聞き方をすれば、納期を早める以外の解決方法が見つかる可能性があります。

大切なのは、できない言い訳ではなく、お客さまの課題に意識を向けること。

そうして一緒に解決策を模索する態度を見せれば、たとえ方法が見つからなかったとしても、営業としての評価は上がります。

話していて、言い訳しちゃってるなぁと感じたら、ぜひ軌道修正してください。

言い訳は単なる保身

NG

言い訳に終始する

できない理由を並べて「私は悪くない」と保身に走っていませんか？ それではお客さまからの信頼は得られません。言い訳は後回しにしましょう。

OK

課題解決にフォーカスする

お客さまの困りごとは何なのか。それを解決するためにはどんな方法があるのか？ 意識を自分ではなくお客さまに向けることが重要です。

04

売れないお客に冷たくしない

必死に営業して、何度も足を運んで、頭を下げて、でも売れなかったら……。

やはり人間ですからガッカリしますよね。そして買ってくれないお客さまに対して「自分はこんなに頑張っているのに、なんで断るんだ！」と腹が立ったりします。

でも、その気持ちをストレートに言葉や態度に出してしまうと、大きな損をすることになります。

二度と会いたくない逆切れ営業マン

ときどきこんな営業マンがいます。懸命に売り込んでいるときは、やさしくにこやかに接していたにもかかわらず、お客さまが買ってくれないとわかると豹変する人。

営業マン「どうしてもダメですか？」

お客さま「ダメです」

営業マン「なんとかお願いできないでしょうか？」

お客さま「絶対にダメです」

　すると、無理だと悟った営業の態度が明らかに変わります。

営業マン「わかりました。じゃあもういいです」（切れ気味に）

　あいさつもそこそこにドアを後ろ手にバタンと音を立てて閉めて帰っていく。売れないのならとくに気をつかう必要もないとばかりに、手のひらを返す態度をとってくる。

　そうなると、逆切れされたお客さまの気持ちも穏やかではありません。

　あんな営業マンには二度と会いたくないと思います。お互いに縁が切れてしまう状態ですね。だって売れないのだから縁が切れてもいいでしょ、と思うかもしれません。

　でも、そのような営業を繰り返していると、訪問先をどんどん失うことになって、常に新規ばかりを狙い続けることになります。

　また、お客さま側としても、無礼な営業マンに対して怒りが収まらないと、ＳＮＳなどに悪口を投稿する人も出てきます。社名や実名を出されてしまうと、それこそ大きなマイナスになってしまいます。それは避けたいですよね。

お客さまとの縁を切らない

売れないからといって、冷たくしてしまうと、もうその先はありません。お客さまによっては、その場では買わなかったとしても、後々買ってくれる可能性があります。そう考えると、**お客さまとの縁は切らないほうが得策**です。

売れている営業マンはこのように対応しています。

お客さま「今回は見送ることにするよ」

営業マン**「そうですか、わかりました。今日はこれで帰ります。ただ、新しい情報が入ったときなどで近くに寄った際には、ときどき顔を出してもいいですか？」**

お客さま「いいよ」

営業マン「ありがとうございます。ではまた引き続きよろしくお願いします」

このように、断られても笑顔で別れることができたら、その後も継続してお付き合いができます。そうすれば、後にお客さまにニーズが発生したときに、売れる可能性が残るのです。可能性を自らつぶすような行動はやめておきましょう。

一時の感情で未来のお客を失わない

NG

売れないとわかると手のひらを返す

即決で買ってくれる人ばかりを探していては、常に新規開拓に追われて苦しい営業を続けることになります。感情に任せて敵をつくって回る必要はありません。

OK

売れないお客さまにも態度を変えない

売れた人だけがお客さまではありません。まだ買わない人も、検討中の人も一律にお付き合いすることで、後に売れる可能性が残って営業成果は安定します。

05

断られても残念な顔をしない

表情豊かな営業マンは人間味があって好かれるでしょう。でも、ときにはそれがマイナスに作用することもあるので注意が必要です。営業ならついやってしまいがちな小さなことほど、成績を左右するものです。

条件反射のように残念がる営業こそ残念

あなたは営業先で断られたときにどうしていますか？　条件反射のように残念そうな表情をしていませんか？　そうだとしたらそのクセを直すことをお勧めします。

断られるとつい、

「そうですか、残念です……」

と言いながら、残念そうな表情を演じてしまうことってありますよね。

私も営業を始めたばかりの頃はやっていたと思います。

それもひとつの営業の正しいスタイルだと思い込んでいたのでしょう。

もちろん、本当に残念なのは確かですが、感情をそのまま表に出すとどうなるか。

それを見たお客さまの心理としては、目の前の人をガッカリさせたことで申し訳ない気持ちになってしまいます。ちょっとした罪悪感です。

お客さまとしても、そんな罪悪感はできれば味わいたくないもの。

「この営業マンは断るたびに残念がるから、来てほしくないな」

これがお客さま心理です。断られたあとに再訪したいと思っていても、アポがとりづらい理由はこれなのです。

つまり、残念そうな顔をする人こそが、残念な営業マンといえます。

相手の断りを許容すれば次につながる

断られて残念な顔をするのは、ある意味で営業マンの自己満足に過ぎません。そうすればなんとなくカッコがつくと思っている。自分主体の行為です。

大切なのは、お客さまの気持ちです。

売れている営業マンは常に自分よりも相手のことを考えて行動しています。

断られたら、というよりも断られることも想定済みとして、

「そうですか。わかりました」

とにこやかに相手のことを認める姿勢を見せること。

そうすることによってお客さまは、自分が下した判断を認めてくれたと感じます。

この営業マンは自分のことを理解してくれている。いま不要だということもわかってくれている。この人なら気兼ねなく付き合えそうだな。そう思ってもらえたら、次につながっていきます。


その場でどんな表情をしようとも、売れないという結果は変わりません。

そうだとしたら、いまのことばかり考えて行動するのではなく、この先、会いやすいかどうかも意識して行動したほうが得策です。

つい出てしまう小さなクセに気づかないままだと、後々の大きな結果を逃してしまう可能性があるのです。

断られたときの態度がその後を左右する

NG

断られたら残念そうな顔で帰る

残念なフリをしても買ってくれません。お客さまに罪悪感を与えてしまうだけです。ちょっとしたことで、自分の営業をやりにくくしていることに気づくべきです。

OK

断られてもにこやかに帰る

その場で売るという意識を捨てると、断られても自然に振る舞えます。瞬時に切り替えてその後の可能性を残す営業スタイルを、ぜひ身につけてください。

06

お茶を出してくれた人を無視しない

お客さまと親しくなってくると、訪問したときにお茶が出てくることがあります。それはそれで信頼度が上がっている証拠なのでとてもいいことです。ただ、うかれてしまうと大事なことを忘れてしまいがちなので要注意。

お客さまは目の前の人だけとは限らない

客先に訪問して、担当者と打ち合わせをしているとき。別の社員さんがお茶を持ってきてくれることってありますよね。ありがたいことです。

ただ、何度か訪問して慣れてくると、それが当たり前のように感じてしまうことってありませんか？　そんなときこそ気をつけなければなりません。

つい、お茶を運んでくれた人を軽視してしまいがちなのです。

さも自分の部下のように感じてしまって、お礼もせずに無視してしまうなんてことも……。

相手も先方の社員です。わざわざ時間を使ってあなたのためにお茶を持ってきてくれたのです。それを無視して会話に集中している姿を、目の前の担当者は見ています。

逆の立場だったら、私はいい気持ちではありません。

家に来た人が、妻がお茶を出したときにお礼もしなかったとしたら、

「なんか感じが悪いな〜」

などと思ってしまうでしょう。

では、どうしたらいいのでしょうか。

打ち合わせ中に感謝の気持ちを伝える方法

打ち合わせをしているときに、誰かに割って入られると困りますよね。せっかくの会話が中断してしまいますし、話の流れも途切れてしまいます。

それでもわざわざお茶を持ってきてくれた人には感謝の気持ちを伝えたい。

売れている営業マンはそこをうまくやっています。

まず、こちらがしゃべっている最中にお茶が出てきた場合。

「……というわけなのですけども、**あ、ありがとうございます**（**軽く会釈**）。それでですね……」

こんな感じで、お礼の言葉と相手への会釈をするとスムーズです。先方との会話も途切れずに自然なやりとりができます。


次に先方がしゃべっている場合ですが、ここでこちらが「ありがとう」などの言葉を挟んでしまうと話が途切れてしまいます。

ここでは、**相手の話を聞きながら、お茶を出してくれた人に軽く会釈する**くらいの対応でOKです。こちらの気持ちは双方に伝わります。

ぜひ、お茶を出してくれた人への感謝の気持ちを表しましょう。それだけでもあなたの人柄が伝わって、仕事もよりやりやすくなるはずです。

そして、**出されたお茶は飲み干して帰るのもマナー**です。

ペットボトルなどで飲みきれない場合は、**「これ、いただいて帰ってもいいですか？」**と言って持ち帰りましょう。

出されたお茶への対応も見られている

NG

仕事に直接関係ない人は相手にしない

相手の地位や立場によって態度を変える人は、なんだか信用できませんよね。仕事に関係なくても、相手がアルバイトだったとしても、接するときには気づかいを心がけたいものです。

OK

先方の社員には丁寧に応対する

先方にとって社員は身内です。家族のようなものです。家族に対して冷たい態度をとられたら、やはりいい気持ちにはなれません。相手の社員すべてに丁寧に応対することを日頃から心がけておきましょう。

07

角を曲がるときには必ず振り向く

お客さまとの打ち合わせが終わってホッとして帰るとき。どうしても気が緩んでしまいがちです。相手の会社を出たとたん、態度が変わるあなたの姿を、お客さまは後ろから見ているかもしれませんよ。

仕事が終わったあともまだ見られている

私は以前、来社してきた人を見送った際に、こんなことがありました。

商談を終え、玄関先まで案内して「では、今後ともよろしくお願いします」とにこやかに別れました。うちの敷地を出るまでは見送ろうと、私はまだその場にいました。するると、その人はすぐに片手をポケットに入れて歩きながら、スマホで誰かと笑いながらしゃべりはじめました。商談がうまくいったことを上司に報告しているのかもしれません。

そして見送っている私のことなど気にすることもなく、そのまま角を曲がって帰っていきました。

商談中は終始まじめに応対してくれて、とても感じのいい人だなと思っていただけに、ちょっとがっかりしたことをいまだに憶えています。

もちろん、仕事とは関係のない部分ではありますが、それでも相手に少しでも悪い印象を与える行動には気をつけるべきでしょう。

相手のエリア内では常に緊張感を持つこと

私は、客先での打ち合わせが終わって、見送られて帰るときには常に意識していることがあります。

それは、**角を曲がるまで見送られている可能性がある**ということ。まだ見られていると思えば、自然に緊張感を維持したまま歩くことになります。

そして角を曲がれば自分の姿が見えなくなるときに、必ず振り向きます。

もちろん、そのときには相手がすでにいないこともあります。しかし、まだ見送ってもらっていたことがわかったら、**歩きながら軽く微笑んで会釈**をします。立ち止まって頭を下げるまではしませんが、「最後まで見送っていただきありがとうございます」という気持ちが伝わればいいのです。

そうすることで、お互いに気持ちよい関係でいられます。

同様に、**駅の改札まで見送ってもらったときも、改札に入ってから途中で振り返ってみる**といいです。相手がまだこちらを見ていることに気づいたら、会釈したり手を振ったりしてあいさつをしてからホームに向かいましょう。

お客さまがまだ見ている範囲内では、緊張感を持って行動するようにしましょう。

もちろんそんなことで、売上が左右することはないです。あいさつしなかったからといって、契約解除になることもありません。

たかがそれだけのことかと思われがちですが、売れ続けている営業マンはこのような小さなことを、当たり前のように習慣にしています。

誰でも簡単にできることなので、ぜひ実践してみてください。

無言のあいさつで気持ちが通い合う

NG

相手と別れたらそのまま帰る

そのまま帰るのが悪いわけではありませんが、後味が悪くなる可能性は排除しておきたいものです。小さなマイナスでも積み重なると大きくなってしまいますからね。

OK

相手の見送りに対してリアクションをする

せっかく見送ってもらったら、その気持ちに対して応えるのは人としての思いやりです。相手を尊重する態度は、相手もそうですが自分も気持ちのいいものです。

08

お礼のメールを後回しにしない

仕事での連絡手段としては、もはや電話よりもメールのほうが圧倒的に多くなりました。それにつれて、メール処理にかかる時間も増えています。当然ながら、優先順位も必要になってきます。

でもそんなとき、つい後回しにしてしまいがちな大事なメールもあることを知っておいてください。

そもそもお礼のメールを出していますか？

お客さまと商談をすることは、営業にとってメインの仕事です。うまくいくこともあれば、ダメなときもあるでしょう。売れても売れなくても、その後につなげる行動はしておきたいもの。

そのひとつが、お礼のメールです。

面談の時間をつくってくれたことへのお礼の気持ちをメールで送ることで、感謝の気持ちを伝えると同時に、次にも会いやすくなる効果もあります。

もちろん、メールを1通出したからといって、すぐに目に見える効果が出ることはあまりないでしょう。その意味では、それほど急いで出すものではないと思われがちです。後回しにしていることも多いはず。

でも、そこが売れている人との違いなのです。

売れている人ほどお礼メールは速攻で出す

私の知人は、お客さまとの商談後の帰り道に、お礼ハガキを出すことを習慣にしているそうです。常にハガキを持っていて、いつでも投函できるようにしておくことで、翌日にはお客さまのもとに届きます。

「昨日の今日でハガキがきた！」とお客さまは決まって驚きます。

このインパクトが大事なのだとその知人は言っていました。

数日後にお礼のハガキが届くのは普通です。彼は、より好印象に残ることを考えていったら、このような習慣になったとのこと。

彼は保険の営業ですが、成績は常に全国トップクラスです。

トップセールスの人たちは、簡単なことだけど、多くの人がやらないことを習慣化していることが多いですね。


同様に、商談後のお礼のメールも、早いほどインパクトを与えられます。

メール文を準備しておけば、帰りにスマホやタブレットから素早く送れます。

どうせ送るとしたら、1秒でも早くして好印象につなげたほうが得策です。

その際に、定型のお礼文だけでなく、**ひと言、コメントを加える**ことを忘れずに。

「今日教えていただいた和菓子屋さんに、帰りにさっそく寄ってみました。お土産に持ち帰ったら社内でも大好評でした。ありがとうございました」

など、その日の会話の内容に触れることで、より強い印象を与えられます。

お客さまが「誰かに相談したいな」となったときに、思い浮かべてもらいやすくすること。それがライバル他者と差をつけるコツです。

ぜひ、あなたの習慣のひとつに加えてみてください。

メールの習慣を少しだけ変えてみる

NG
急ぎではないメールは後回しにする

急用のメールだけが、急ぎのメールとは限りません。将来のための種まきをしておくのも、優先すべき作業です。

OK
お礼のメールは第一優先で送る

お礼のメールは早ければ早いほど効果的です。お客さまの「えっ、もうメールがきた！」と驚いている顔を思い浮かべながら、第一優先で送信しましょう。

09

運よく売れた！　で満足しない

売れる営業マンと売れない人との明確な違いがこれ。ラッキーで売れたと喜んで満足してしまうかどうかです。あなたはどうですか？

「売れた理由」を説明できますか？

私は、教えている営業マンにいつも聞くことがあります。

それは、**「売れた理由」**です。

「どうして売れたの？」と質問すると、多くの営業（まだ売れてない人たち）は考え込んで答えられません。それでもしつこく問い詰めると、なんとか絞り出した答えは「たまたま運がよかったからでしょうかね〜」と、これまた同じ判で押したかのようなフワッとした返事がきます。

多くの営業マンにありがちなことですが、売れたら振り返らない傾向にあります。どんな形でも売れたらOKと思っていると、売れたお客さまよりも、これから売ろうとする相手に意識が向くからです。

「だって、売れたらそれでいいんじゃないの?」

そう思っている人もいるかもしれません。

これからもラッキーで売れ続ける自信があるのなら、それでもいいでしょう。でも宝くじに当選する自信がある人などいないように、偶然に出会える自信がある人などいませんよね。

それでは永遠に、運頼りの不安定な営業を続けるだけです。

運で売れているのか、意図して売れているのか。この違いに気づいてください。

「意図」して売る習慣を身につけよう

上司から、「今日は売れたか?」ばかり聞かれると、どうしても結果に意識が向いてしまうものです。新人の頃からそれに慣れてしまうのがとても危険です。

「どういうプロセスで売れたのか?」を上司は聞いてほしいですし、営業マンも自問してほしいです。

そもそも、「売れる」にたまたまなどありません。タイミングよく訪問したら、誰でも同じように売れるかというと、そんなことはないですよね。

当人が自覚していない何か正しい行動をやっているから、結果につながっているのです。その行動を振り返ってみること。

すると、
- **そういえば、最初に受付の人としばらく雑談していたっけ**
- **相手のメリットを先に言ったら、興味を持ってもらえた**
- **そのときは説明の前にヒアリングを意識することを心がけていた**

などが見えてきます。

それこそが「売れた理由」なのです。

そうなればしめたもので、普段の営業活動に「意図」が加わって、**偶然ではなく必然で売れる**ように変わります。

ぜひ、売れたら振り返ってください。そして売れた理由を説明できる習慣を身につけることで、マグレねらいの売り方から抜け出しましょう。

「売れる」には必ず理由がある

NG

売れたらそれでOKとしてしまう

数字や結果だけにフォーカスしていると、なぜ売れたのかに意識が向きません。売れたときに振り返る習慣こそが大切です。

OK

売れたときこそ振り返る

確実に振り返るためには、売れたお客さまに「なぜ買ってくれたのですか？」と聞いてみましょう。その答えを集めていくほどに、営業への自信がついていきます。

10

スケジュールを埋めない

営業にとって何がつらいかというと、アポがまったく入っていない状態です。まわりの人たちは目的地に向かって次々に出かけていくのに、予定のない自分だけは朝からテレアポをしているのはつらいです。

でも逆にスケジュールがパンパンに入っているのが理想かというと、そんなこともないのです。今回はそんなお話です。

営業の仕事は売ることだけではない

私が営業マン時代の話。少しずつ仕事を覚えてくると、日々の予定が埋まりはじめます。その予定はすべて売るためのアポでした。当然ですよね、営業ですから。

商談、新規訪問、デモンストレーション、代理店との同行営業など、すべてが売上のために入れるスケジュールです。やることが決まっていると、自分でも安心でしたし、どこか誇らしげでもありました。

そんなある日、突然クレームの電話がかかってきました。本来ならすぐに対応すべきだったのですが、あいにく予定が空いていません。それでもなんとか日程をやりくりして、後日訪問したのですが、もう手遅れでした。そのフォローのために、さらにスケジュールが狂っていき、多くの人に迷惑をかけました。

そのとき知ったのは、営業は売るだけが仕事じゃないということ。

とくに**突発的なクレームやトラブルというのは、必ずといっていいほど起こるもの。それに素早く対応するのも、営業の大切な仕事**です。

ただ、売れてくれば自然にスケジュールも埋まってしまうものです。そんなときのために、知っておくべきことがあります。

「予定なし」のスケジュールを入れる

私の友人でいつも全国を飛び回って忙しくしている人がいます。あるとき、その人のスケジュール帳を見て驚きました。週の中頃に必ず「予定なし」という言葉が入っていたのです。

それを見て私は聞きました。

「予定がないなら空白にしておけばよいのでは？」

すると彼は、

「空白にしておくと、何か予定を入れてしまうでしょ。だからこれは予定なしという予定なんです。こうして空けておかないと突発的なことに対応できませんからね」

と教えてくれました。

たしかにそうすれば、急なクレームにも対応しやすくなりますし、処理が遅れて信頼を損ねることも減るでしょう。そして何もなければ本を読むなどの勉強の時間にあてているとも言っていました。さすがだなと思いました。

万が一の場合の保険をかけておく意味で、スケジュールは少し余裕を持っておくことをお勧めします。

実際にやってみると、気持ちにもゆとりができますし、予定している行動もより集中できて効率よくなりました。

仕事に慣れてきたら、ぜひスケジュールに「予定なし」を組み込んでください。

急なトラブルに即対応できていますか？

NG
スケジュールを詰め込んで満足する

たまにスケジュール帳をいっぱいに詰め込まないと気が済まない人がいますが、こと営業に関してはＮＧです。仕事を円滑に回すためにも余白を空けておきましょう。

OK
緊急のときのために予定に余裕を持つ

対人の仕事はすべてそうですが、イレギュラーなことが絶対に起こります。そんなときでも「予定どおり」の感覚で対処できるようになっておいてください。

column 1

トーク上達への道は会話のテキスト化から

あなたはお客さまと商談しているときの会話を録音したことがありますか？

もちろん、相手に許可を得ることが必要ですが、自身の振り返りのためにもスマホなどで録音してみることをお勧めします。

そして、その音声を聞きながらパソコンなどでテキストにしてみてください。少し手間のかかる作業ですが、それだけでさまざまな気づきを得られます。

・この説明はちょっと長すぎるな
・ここのセリフは不要だったな
・このお客さまの話はもっと深掘りすべきだったな

など、自分の会話内容を客観的に分析することができ、それを聞いているお客さまの気持ちが見えるようになります。

修正点や反省点にも気づくので、トークの精度も上がります。

話し方のクセや間の取り方など、自分が無意識でやっていることはなかなか気づけないものです。トークの音声を聞くだけでなくテキスト化することで、細かな部分まで見えてくるのです。

さらに、書くことで一度頭の中で文章として整理できるので、再び話す際にスムーズに言葉が出やすくなります。この作業をするだけでもトーク力が上がります。

私は営業マンへコンサルティングを行うときには、この作業をやってもらいます。すると、みなさん「お客さまとの会話がスムーズになった」と言います。ぜひ一度トライしてみてください。

ただし、音声変換ソフトなどを使って簡単にやろうとしないこと。自分で聞いて自分でテキスト化することに意味があります。

インプットした言葉を脳で変換するプロセスが重要なのです。

第2章

迷いを解消する「判断」の習慣

11

値引きに逃げない

値引きもひとつの営業手段です。業種によっては値引きが当たり前の場合もありますし、絶対にダメとは言いません。ただし、安易な方法に頼る売り方をしていると、いつまで経っても営業力は身につかないことを知っておきましょう。

売るための工夫をしていますか？

営業をやっていると、後ひと押しで売れそうなときってありますよね。
そんなときは、「じゃあ少し値引きしますよ」と言いたくなります。
営業マンの言葉は、とかく断られることが多いですが、値引きは断られません。
しかも、お客さまは（当然ですが）喜んでくれます。
特別難しいトークも必要ないですし、会社から許されている範囲内なら、自分の判断で決められます。はっきりいって、値引きは営業にとって簡単な行為なのです。

「でも、それで売れればいいんじゃないの？」

もちろんそうです。売れないよりは売れたほうがいいでしょう。

ただ、最後は値引きに頼る売り方を続けているのはとても危険です。

工夫する習慣がなくなってしまうからです。

いつも安易に値引きに逃げるような売り方をしていたとしたら、営業として成長する機会を逃していますよ。

高くても売れたら最強になれる

かつて私がリクルートで売っていた商品は、ライバル社の2倍の定価のものでした。

そうなると、多少値引きをしたとしても金額では太刀打ちできません。

当然ながら料金以外のところで勝負することを求められます。

でも、それが私の営業力を高めてくれることになりました。

本来の営業の仕事である**「商品の価値」にフォーカスして、伝え方や見せ方の工夫**

をするようになったからです。

・どうすれば高い金額を払ってもらえるか

・どう見せたら納得してくれるか

・どう伝えたら信頼してもらえるか

それらを自分なりに考えて試行錯誤したことで、定価でも喜んで買ってもらうことができましたし、結果としてトップセールスになりました。

いま、こうして営業を教える仕事ができているのも、あのときの「高い商品を売る」経験がベースになっています。

もし、あなたが他社よりも高い商品を扱っているとしたら、それはとてもラッキーなことです。売り方を工夫せざるを得ない環境にいるからです。

最後は値引きに頼る売り方ではなく、値引きしないと決めて、いかに売るかを考える習慣をつけましょう。そもそもそれこそが営業の本来の仕事なのですから。

値段以外の価値で売る

NG

すぐに値引きで対応する

営業マンとしては値引いても大きな実害はないですが、会社にとっては利益を減らす痛手です。ビジネスを健全に回すという意味でも、安易な値引きは避けましょう。

OK

値引かずに売る方法を考える

商品の価値を考えて売ることは、じつはとてもやりがいがあります。そしてプランどおりに売れたときほど、営業の醍醐味を感じることができるものです。

12

お客から時間を奪わない

営業の多くは相手の勤務時間内にやりとりをしています。こちらにとってはそれが仕事なので、当たり前だと思っている人もいるでしょう。

しかしよく考えてみると、人の仕事に割り込んでいるわけで、場合によってはお客さまの作業の邪魔をしているケースもあります。ここをどう判断するかが大きな分かれ目です。

お客さまの迷惑になっていないか

たまに「少しだけお時間よろしいでしょうか?」と電話をかけてくる営業マンがいます。当人としては、少しだけなら時間はとれるだろうという甘い考えで気軽に言っているのでしょうが、受け手の気持ちは全然違います。

少しだろうがたくさんだろうが、なんの話かわからないことにかける時間は1秒たりともありません。**時間の長さの問題ではなく、話の内容の問題**なのです。


このように、自分の都合で相手の貴重な時間を奪う行為をやっていませんか？

営業なら多少強引に割り込んでもかまわないなどと思っていたら大間違いです。

強気で攻めることと、相手に迷惑をかけることはまったく別物です。

そもそも平気で人に迷惑をかけてくる営業マンを信頼できるはずがありません。

では、どうすればいいのでしょうか？

無駄な時間から価値ある時間に

日頃から忙しそうにしているお客さまでも、時間をつくってくれる人もいます。

それは**「自分にメリットがありそう」**と感じているからです。

つまり、営業の話を聞くことが無駄ではなくて価値があると思ったら、お客さまは会う約束をしてくれます。


「あなたにとってこんなメリットがある話なんですが、聞きませんか？」

成果を出している人は、常にこのようなアプローチをしています。

自分の売上を伸ばすための行動ではなく、お客さまの利益を意識した行動をとれば、スッと受け入れてもらえるのです。

お客さまと会うときの心構えを、「相手の利益を優先する」ことに切り替えてみてください。**あなたが頑張れば頑張るほどお客さまは喜ぶという関係をつくる**のです。

すると、多少強気に見えたとしても、それは相手を思っての行動になるので、お客さまとしては悪い気はしません。

よく相手の懐にズケズケと入り込む営業マンを見ますが、それは単に強引ではなく、根底には「相手のため」があるからこそお客さまも受け入れてくれるのです。

商談後に、お客さまが有意義な時間だったと感じるか、無駄な時間を使ってしまったと感じるかは、あなた次第です。

お客さまの時間を尊重すること。そのためにはどうすべきかを考えること。それだけで営業として大きくレベルアップできますよ。

お客さまに貴重な時間を与えよう

NG
自分の都合を優先する

「5分だけでもいいので、話を聞いてください」というセリフが、いかに自分都合なのかをあらためて肝に銘じてください。お客さまの邪魔をしない行動をとりましょう。

OK
お客さまの利益を優先する

ビジネスは、基本的に利益を上げることが目的です。そこにフォーカスを当てることで、お客さまは喜んで話を聞いてくれるように変わります。

13

わかったふりをしない

世の中のＩＴ化やデジタル化が進むにつれて、新しい用語も増えてきました。業界が少し違うだけで、意味不明の言葉が飛び交っていたりします。

そんなときによくやってしまいがちなのが、わかったふりをすること。

その小さなウソが後々に大きな傷になっていくものです。

話の腰を折るよりも悪いこと

営業の現場でも、新しい技術やトレンドが出てくるたびに、聞き慣れない言葉が次々に生まれてきます。インバウンド、コアコンピタンス、カスタマーサクセス……など、海外から入ってきたものもあれば、和製用語もあります。

社内では当たり前のように使われているものでも、社外に出ると意味が通じないなんてことも多いでしょう。

商談をしていれば、相手が使う言葉に「？」となることもあるはずです。

でも、「それってどういう意味ですか？」と聞いたら話の腰を折ってしまうとか、そんなこともわからないのかと思われたくない気持ちから、ついついスルーしてしまいがち。

ただ、わからないことをそのままにしていると、どうしても会話がぎこちなくなります。心の中では「やばい、いまのが重要な言葉だったらどうしよう」などと集中力も失いますし、もしその言葉が何度も出てきたら行き詰まってしまいます。

そんなときにどう判断するかも、力の見せどころです。

「わからない」は信頼の証

営業マンはすべてのことを知っておくべきかというと、そんなことはありません。人間ですから知らないことがあって当然です。

相手が使っている言葉の意味がわからなくて、それが重要そうだなと感じたら、**「それはどういう意味ですか？」**と迷わずに聞きましょう。

なまじわかっているフリをしていても、実際にわからなければ適切なリアクションができませんし、突っ込んだ質問もできません。相手からしても反応が薄いので「この人は本当にわかっているのかな？」と不安になります。

そんなことでモヤモヤしているくらいなら、「わかりません」と言いましょう。

ここで卑屈になる必要はありません。堂々と聞いてください。

あとで調べるよりも、その場で教えてもらったほうが早いですし、その**教わる態度で、素直で正直な人間であることを表現**できます。信頼度はむしろ上がるのです。

そうすれば、お互いに余計なことに気をとられることなく、会話に集中できるのでビジネスの話も前に進みやすくなります。

営業だからといって、常にお客さまに教える立場でいる必要はありません。

お互いに情報を共有し合える関係が一番です。

知っているフリをするということは、相手にウソをつくことだと自覚しておいてください。

カッコつけるのはカッコ悪い

NG

知っているフリをする

カッコつけて知っているフリをしていると、それがバレたときが一番カッコ悪いことになります。ウソはさらなるウソになってどんどん苦しくなりますよ。

OK

「知らない」と堂々と言う

本音を堂々と言える存在になったほうが、営業としては上のレベルです。素直な自分を見せることで、相手も心を開いてくれます。

14

断られたらしつこく粘らない

長年営業をやっていれば、お客さまに断られた経験など山のようにあるでしょう。ある意味で、断られることが当たり前だったりもします。

問題はそのあとの態度です。トップセールスがどのように対応しているのかを見ていきましょう。

断られてからが勝負って思っていませんか？

以前、私がセミナーをやっているときに、参加者のある若い営業マンがこんなことを言っていました。

「断られたのをひっくり返すのが営業の醍醐味です」

誰かにそう思い込まされている感が満載でしたが、当人がそう思っているのならしかたがありません。でも私が思う営業の醍醐味は、お客さまと共感し合えてお互いに気持ちよく契約できたときですけどね。

ただ、日常的に断られていると、それをどう切り返すかに意識が向いてしまうのも事実です。断られてもしつこく粘ってこい、と指導をされている人も多いでしょう。

そして粘った結果、売れないうえに相手に嫌われてしまった経験もあるはずです。それもまた営業の宿命だなどと思っていてはいけません。

営業として致命的なことは、売れないことよりもお客さまに嫌われることなのです。

その場の判断の差で未来が大きく変わる

断るというのも、お客さまのひとつの判断です。それを真っ向から否定されたらいい気分にはなりませんよね。**粘るというのは、相手を否定する行為**でもあるのです。

ですから、まずは相手の下した判断を受け入れましょう。

そしてその判断がその場では変わらないと感じたら、素直に引き下がるのが正解です。もちろん、残念な結果ではありますが、だからといって残念そうな顔もしてはいけません。つい、「そうですか、残念です」と言ってしまいがちですが、これもダメ。

今度、トップセールスの帰り際を注意して観察してみてください。**売れても売れなくても同じような態度で帰っている**のがわかるはず。彼らが常に**意識しているのは、現在ではなく未来**です。

今回は売れなかったけど、良好な関係を続けていればそのうちに売れるかもしれない。その可能性を残すためにはどうすべきか。そこを判断基準にしています。

つまり、**今後も会いやすい状態で別れるのがベスト**なのです。

結果として、売れている人というのは、仲のいいお客さまが多いです。それは普段から疎遠になるような行動をしないからです。

断るたびにしつこく粘ってくる営業マンと、仲よくしたい人などいませんよね。粘れば粘るほど邪険にされて冷たい対応をされてしまいます。

それは、すべて営業マンの態度がそうさせていることを、知っておいてください。

いつでも「さわやかに帰る」が正解

NG
断られてもしつこく粘る

最後はしつこく粘ってお願いするという習慣になっていたとしたら、要注意。未来のお客さまを自ら手放している可能性がありますよ。

OK
断られたら素直に引き下がる

チャンスは一度きりではありません。関係を継続している限り、何度でもあります。未来のことを意識して「さわやかに」帰りましょう。

15

考えても答えが出ないことは考えない

営業は、決まった作業をやっていれば結果が出るというものではありません。人間相手ではパターン化もしづらいので、どうしてもその都度考えて判断する場面が多くなります。

もちろん考えること自体は悪くないですが、売れない営業マンを見ていると、どうやら考えるポイントがズレているケースがあるようです。詳しく見ていきましょう。

お客さまの考えを想像していませんか？

人が考えていることを１００％読み解くことなど、心理学者でもできません。ましてや単なる営業マンが、お客さまの考えていることを言い当てるなどできるはずがないのです。

ところが、売れない営業マンに限ってそれをやろうとしています。

「たぶんこう思っているのだろう」

「おそらく前向きに考えているに違いない」

このように、お客さまの心の中を勝手に想像する習慣はありませんか？

でも、これはあくまでも想像なので、正解ではありません。もちろん確信も持てないので、営業にも自信を持てない状況が続きます。

さらに、何パターンかを想定することにもなるので、それぞれの対策も考えておかなくてはなりません。当然ながら時間がかかります。

では、売れている人はどうしているのでしょうか？

自分の頭の中に答えがあるかどうか

結果を出している営業マンは、考える前に判断します。

「これは考えて答えが出るものなのかどうか？」

答えが出るものなら、考える作業に入ります。逆に出ないと判断したものは、考える作業をいっさいしません。ここが大きな差になります。

たとえば、商談中にお客さまの考えがあいまいだったとします。

そのまま話を終わらせてしまったら、こちらとしても次の手が打ちづらくなります。

そんなときは必ず**「聞く」**を選びます。

売れている人は、**お客さまの心を想像するのではなく、本音で話してもらうために質問することを選択**します。本音の言葉なら100%正解です。何も悩むことはなく、そこに向かって資料づくりをすればいいのです。当然、作業時間は短くなります。


パソコンの前でフリーズしている営業マンをたまに見かけますが、実際には無駄な思考に時間を使っているケースが多いです。仕事のことについて休日も悩んでいる人がいますが、悩んで解決するのかどうかを、冷静に考えてみましょう。

そして**自分だけで解決できないことは、人に聞いたり相談したりする**こと。上司や同僚、お客さまに聞けば、意外にあっさりと答えが出ることもあるのです。

人間の脳のキャパシティは限られています。効率的に使うことを意識しておくと、正しい判断ができるようになるでしょう。

正解がわかれば行動にも自信がつく

NG

答えが出ないことにいつまでも悩む

悩んだあげくに出た答えは、どこか自信がないものです。答えは自分の中にはないと開き直ってみると、正解への道筋が見えてくるようになります。

OK

考えても無駄なことは考えない

たいていの場合は、お客さまに直接聞けば解決できるものです。あれこれ考えずに素直に聞けるようになると、仕事はどんどん加速します。

16

質問に答えてもらっても満足しない

営業にとってヒアリングはとても重要で欠かせないものです。

ただ、お客さまは質問してもなかなか答えてくれないことがあります。こちらを警戒していたりするとなおさらです。そんな相手から答えが聞けたら、それだけでうれしいもの。そのあとにとるべき適切な行動とは？

本当にそれでヒアリングは完了したの？

何を聞いてもまともに答えてくれないお客さまっていますよね。

「いやべつに」「わかりません」「……(無言)」など、はっきりしない答えばかり。会話もそこで止まるので、営業としても苦労する場面です。無理にでも答えをもらおうとすると、「検討しておきます」という悩ましい答えが返ってきます。

営業マンの質問に対して、お客さまはまともに答えてくれないことが多いです。

もちろん営業側の対応がそうさせてしまっているケースも多いですが……。

そんなときに、たまにきちんと答えてもらえるとホッとして、それだけで達成感が味わえます。これでヒアリングは完了！　次のステップに進めるぞ！　と気持ちも前向きになるでしょう。

でも、ちょっと待ってください。本当にそれでヒアリング作業は終わりですか？

ここでの小さな判断が、この先の結果を大きく分けているのです。

答えはひとつだけじゃない！

学生時代のテストでは、だいたいが一問一答形式です。正解はひとつだけなので、採点もしやすいですし、結果も明確に出るからです。

ところが営業の場面では、明らかな正解というのはありません。数値で測り切れない人間の感情も含まれるので、どうしてもご名答にはならないのです。

その意味では、**営業の質問に対するお客さまの答えというのは、「いくつもある」**

と思っておくべきです。

ひとつの答えをもらえたからといって、それだけで満足してはいけません。

答えてもらったら、そのあとで、

「ほかにはありませんか？」「それだけですか？」

と聞けるかどうかが大きな差になります。

どうですか。あなたはいつも聞いていますか？


あまりしつこく聞いたら失礼になるのでは……、と思う人もいるかもしれませんね。

でも大丈夫です。

「あなたに最適な提案をしたいので、あなたのことをもっとたくさん教えてください」

売れている人はこの思考がベースにあります。だから多少失礼かなと思えるような質問でも、堂々とできるのです。

その結果、お客さまのニーズや課題がより鮮明になって、相手にピッタリの提案ができるようになります。当然、成果にもつながりやすくなります。

そのためにも、「相手の答えはひとつじゃない」ことを胸に刻んでおいてください。

営業の場面では複数回答が当たり前

NG

ひとつの答えでOKとする

お決まりのセリフでヒアリングを行っていると、つい一問一答のやりとりになりがちです。答えが出たらそれで終わり、ではありません。

OK

「ほかには？」とさらに質問する

ひとつの答えで満足せずに、冷静になって「ほかには？」と聞く習慣をつけましょう。そこで出てくる答えが、意外と重要なキーワードになることも多いのです。

17

クレームを後回しにしない

営業をやっているとイヤなこともあります。その筆頭がクレームでしょう。やはり人間同士のやりとりには、どうしても問題が発生しやすくなります。怒っている人を相手にすることは、できれば避けたいところですよね。そんなクレーム時の判断基準をお伝えします。

逃げて大炎上してしまった過去

私は人一倍怒られることが苦手です。強い口調で言われると気持ちが萎縮して頭が混乱してしまいます。適切な判断もできなくなって、軽いパニック状態に陥ります。なので、営業を始めて最初にクレームの電話を受けたときには、大失敗をしてしまいました。電話口でひたすら謝って「なんとか対応します」と言ったものの、どうすればいいのかわからずに、何も手を打たなかったのです。

翌日、怒りの頂点に達したお客さまからまた電話がきました。当然ですよね。

その後、一時は数百万円の損害賠償の話まで出ましたが、上司と一緒に謝りに行ってなんとか収めることができました。もちろん、そのあと上司からもみっちりと叱られました。

イヤなことはつい後回しにしたくなりますが、そうするとさらに炎上してしまうのだということを、身をもって知った出来事でした。

迅速な対応でピンチをチャンスに！

その事件以来、私は何があってもクレームを最優先することにしました。

アポが入っていても会議があったとしても、何よりも真っ先に対応しました。

もちろん怒られることに慣れたわけではありませんが、すぐに応じなければさらに大きな怒りを受けることを知ったからです。クレームをこじらせてしまうと、お客さまにも会社にも迷惑がかかりますし、何よりも多大な時間をとられてしまいます。

最優先で対応する習慣をつけると、お互いに最小限の損失に抑えられます。

そして可能な限り、**電話で済ませるのではなく直接出向く**ようにしました。

営業マンが駆けつけたとしても、何も解決できないことが多かったのですが、それでも速攻で訪問していました。できるだけ相手の話を聞いて、解決するための最善策を真剣に考えました。

どうにか、事態が収まると、次に不思議な現象が起こりました。

商品を返品されることもなく、反対にさらに注文してくれたのです。

問題を起こしたのにどうしてまた注文するのかと聞くと、**「営業が素早く対応してくれたから」**と言われました。その言葉はいまでも私の行動指針になっています。

クレーム処理には時間をとられます。でも初動をきちんと対応することで、減らすことができるのです。

さらに、**対応のしかた次第でお客さまからの信頼を得る**きっかけにもなります。

トラブルは、一見するとピンチですが、チャンスに変えることもできるのです。

一瞬の判断がその後を大きく左右する

NG

イヤなことは後回しにする

自然に消滅するものなら後回しでもいいですが、クレームは時間が過ぎるほど大きくなります。小さいうちに対処したほうが得策ですよね。

OK

クレームこそ優先して対応する

クレーム対応は、売上よりも重要です。そして突然やってきます。迷わずに行えるように普段から意識しておくといいでしょう。

18

上司にほめられることを目的にしない

売れないときというのは、日々の行動もブレてしまいがちです。それまでの方法に自信がなくなったり、営業に向かないいんじゃないかと考えてしまったり。より「売る」ことばかりを重視して、お客さまよりも上司の顔色が気になってしまうこともあるでしょう。その結果、さらに売れない沼にはまっていく……。

それを回避するための考え方をお伝えします。

プレッシャーがマイナスに働いていないか

私がリクルートで営業を始めた当初は、まったく売れませんでした。オフィスの壁には営業成績のグラフが張られていて、ひと目で全員の成績がわかります。

営業から帰ってくるたびに、上司から「今日はどうだった?」と聞かれて、黙って首を横に振る日々。ああ、今日もまたガッカリさせてしまったな、と罪悪感にかられていました。

一方で、売れている営業マンとにこやかに談笑している上司がいます。そんな姿を見せられると、「ああ、自分もほめられたいなぁ」と思ってしまうもの。

そんなプレッシャーから、なんとかして売ろうという気持ちが強くなって、結果的に空回りしている自分がいました。

思い返してみると、その頃は、上司の顔色ばかり気にしていた記憶があります。本当はもっとお客さまのほうを見なければいけませんでした。

お客さまにほめられる営業を目指そう!

いま、私は多くの人に営業を教える仕事をしていますが、その中には一定の割合で上司との関係性が悪い人がいます。もちろんどちらが悪いわけではなく、単に相性がよくないだけのことも多いです。

それでも、営業マンとしては、上司に「嫌われない」「怒られない」「無視されない」

ことを過剰に意識して仕事をしています。なんだかとても窮屈です。

もちろん営業のゴールは売れることですが、なんのために売るのかという目的がブレてしまっている人が多いのです。


営業の目的は、上司にほめられることではありません。お客さまから「ありがとう、売ってくれて！」と言われることです。

強引でもいいから数字を上げるのではなく、お客さまに喜ばれる売り方が、本来の営業の姿です。

無理に売ろうとすれば一瞬の売上は出せるかもしれませんが、お客さまの気持ちが離れていくので長続きしません。そうすると永遠に無理をしながら売ることになります。

意識すべきは、お客さまとの信頼関係を続けることです。

営業として成長していきたいのなら、上司からの余計なプレッシャーは受け流して、お客さまに意識を集中することです。

その結果、売れるようになれば、上司の顔も自然に穏やかになっていくものです。

上司の笑顔とお客の笑顔、どっちが大事？

NG

上司の顔色を見ながら仕事をする

いまの会社の中でうまくやっていきたいのなら、上司のご機嫌をとることは大事です。それもひとつの選択肢です。でも自分の成長を考えるなら……。

OK

お客さまに喜んでもらうことを目的にする

営業としての成長は、お客さまの笑顔の数に比例します。そしてそれは、上司のためでもあり会社への貢献にもつながります。ベクトルをお客さまに向けましょう！

19

経験値が溜まらないことはやらない

営業をやっていると、右から左に流すだけで仕事になることもあります。それはそれでラクでいいのですが、そのような仕事ばかりというのも問題です。将来に向けて仕事を安定させるためにも、新しいことにトライするメリットについてお話しします。

振り返ると何も残っていなかった

前職で私はデザイン制作会社の経営をしていました。特定の取引先との仕事をメインにしていましたが、ときどき紹介で新規の仕事が流れてくることがあります。その中には膨大な作業を求められるものもありました。スタッフ総出で徹夜しながら、なんとか期日までに仕上げるようなヘビーかつ急ぎの案件です。ほかの仕事を止めてまで優先してやりましたが、終わってみると何も残っていないことが多かったのです。

もちろん売上にはなりましたが、その経験がほかでも生きることはありません。単に作業を請け負っただけでした。スタッフも疲弊して、普段の仕事にも影響が出てしまいました。こんな仕事は受けなければよかったなぁと後悔しました。

何よりも、私自身に経験値が溜まらなかったことが不満でした。

その仕事は、その後も続く可能性もありましたが、私は断りました。

「お金」と「お金を生み出す力」、どっちが大事？

それからは、誰でもできる簡単な作業は断るようになりました。反対に、やったこともないような難しい仕事は、可能な限りＯＫしました。

当然、受けてからが大変です。調べたり試したり、ほかの協力を求めたり、時間と労力のわりには安い代金のこともありました。

でもお金よりも大事なものが残ります。自分に蓄積された経験です。

経験値を増やしていくと、次に同じような仕事がきたときに圧倒的に楽になります。

当然効率も上がるので利益率も上がります。その経験がさらに次にも生きる！

そして一度身につけた経験は消えません。すべてが財産として蓄積されます。

しかも、環境が変わっても自分の中に残り続けます。


営業は、自ら判断できます。既存の仕事も未知の仕事も。

そんなときは**迷わず未知の仕事を選んでみましょう**。

お客さまが困っていたら、手を挙げて立候補してみましょう。

新しいことにトライすることで、将来への貯金（経験値）が増えてどんどん楽になります。仕事の幅も広がって安定してきます。


せっかく営業をやっているのなら、いまの仕事を通して自分を高めるための行動を選びましょう。その姿勢がお客さまからの信頼を生み、自らの成長につながります。

そうして得た営業力は「お金を生み出す力」です。一生ものの宝なのです。

NG

目先の仕事を追いかける

いまを生きるためには目先の仕事は必要です。でもその仕事を辞めたときに、自分に何が残っているかを想像してみることも重要です。

OK

自分の将来のために仕事をする

教室で学んだ知識よりも仕事を通して得た経験は、生きる自信につながります。将来のためにいろんな経験を身体に詰め込むことを意識して仕事をしましょう。

column 2

メール対応こそ習慣化しよう!

かつてお客さまとの連絡手段は電話が主流でしたが、いまはもっぱらメールです。メールに費やす時間は増えているでしょうから、素早く正確に処理したいものです。

メール処理のコツ①：読んだらすぐに返信する

一度読んでからあとで返信しようとすると、もう一度内容を読むことになります。それは時間のロスなので、その場で返信できるものならすぐに返信する習慣をつけるといいでしょう。

メール処理のコツ②：文字登録をする

ビジネスメールでは決まり文句を書くことも多いはず。その都度入力するよりも、文字登録をしておくと格段にスピードが上がります。「自分の名前」「社名」「株式会社」「お世話になります」など、よく使うものは登録しておきましょう。

メール処理のコツ③：相手の名前はコピペする

相手の名前は手入力せずに、コピー&ペーストを使うことをお勧めします。そうすれば絶対に誤字になりません。たとえば「高」と「髙」の違いがひと目でわかりますか？　相手の名前を間違えるのは単なる誤字とは失礼の度合いが違ってきます。相手からきたメールの氏名の漢字データをそのまま使いましょう。

メール処理のコツ④：最新のメールから返信する

一般的に受信順にメール処理をしている人が多いですが、私は最新のメールから返信するようにしています。理由は、すばやく返信したほうが好印象を与えられるから。すべてのメールにすばやく返信するのは難しいですが、1通でも2通でもインパクトを残すことができたらよいと考えています。

ちょっとしたことですが、習慣化することをお勧めします。

第3章

無意識に言っている「口グセ」の習慣

20

「お時間をください」とお願いしない

普段当たり前のように使っている言葉というのは、あまり意識をしないものです。それがよい言葉ならいいのですが、なかには気づかないうちにマイナスの結果につながっているものもあったりします。そんな言葉の習慣について見ていきましょう。

「時間がない」の真の意味とは？

電話でアポイントをとるときや、飛び込み営業をする際に「お時間をください」と言うのは、営業のお決まりのフレーズです。

これに対して、お客さまはほぼ決まって「時間がない」と返します。

たとえ時間があったとしても、断るのが通常のお客さまの対応です。営業側も断られることを承知で言っていたりします。

では、なぜお客さまは断るのかを考えたことがありますか？

「時間がない」の本当の意味は、単に忙しいということではありません。**「メリットを感じられない話を聞く時間はない」**なのです。

断られて当然ですよね。

ですから、「何時なら空いていますか？」とか「5分だけでもいいので！」と言ったところで応じてくれるわけがなかったのです。

営業マンが、普段から口グセのように使っているセリフの中には、このように効果のないものがたくさんあります。

では、どうすればいいのでしょうか。

あなたと会うメリットを先に伝える

お客さまは時間がないわけではありません。自分の利益になりそうな話なら喜んで時間をつくります。ここがポイント。

つまり単に時間をくれというのではなく、**「あなたにこんなメリットがあるかもし**

れないので、話だけでも聞いてみませんか？」というアプローチに変えれば、時間をつくってくれる可能性はグンと上がります。

新規営業を行うときには、このことを念頭に入れてやってみてください。

私は、「お時間をください」と単にお願いばかりしてくる営業マンは、すべて断ります。もちろん、本当にいい商品を扱っている可能性はありますが、それ以前に、未熟な営業を受けたくないのです。

相手の気持ちを考えずに、自分の都合ばかりを押しつけてくるような人との会話は、終わったあとにドッと疲れます。そして会わなきゃよかったと後悔します。

これはお客さまも同じこと。

あなたがいつもお客さまから断られてばかりいたとしたら、自分の口グセを振り返ってみましょう。

そして相手に寄り添った行動を意識する習慣を、ぜひ身につけてください。

習慣を変えれば忙しくても会ってくれる

NG

お願いするのが仕事だと思っている

お願いして聞いてくれたらラッキーという営業スタイルでは、いつまで経ってもお客さまからの信頼は得られません。もうお願いするだけの営業はやめましょう。

OK

勝手なお願いは迷惑行為だと知っている

自分の行動が迷惑かどうかを判断できるようになれば、お客さまはたとえ忙しくても会ってくれるものです。お互いに時間を無駄にしない思考が重要です。

21

「お電話よろしかったでしょうか」と言わない

時代の変化に伴って、普段から使っている言葉も変わってきています。会社や業界によっても変わりますし、年齢によっても違ってきますよね。自分のまわりの環境では当たり前のことでも、場所が変わると相手に違和感を与えてしまうこともあります。

ここでは電話をするときの口グセについてお話しします。

なんで過去形で聞いてくるの？

以前、ラーメン屋に行ったときのこと。若い店員さんにオーダーをしたら、「ラーメンとギョウザでよろしかったでしょうか？」と確認されました。

まあ、それでよろしいのですが、私としては少し違和感を覚えました。

言っている当人は当たり前のようですが、聞いている私は「え、なんで過去形なの？」

と思ってしまいます。

電話の場合も同じで、「お電話よろしかったでしょうか」と聞かれると、その時点でまともに会話をしたくなくなるのです。

おそらくですが、丁寧な言葉づかいだと思って使っているのでしょう。それを違和感なく聞いている人もいます。

ただ、私のようなタイプもまだまだ大勢いることを知っておいてください。

テレアポのときに、不信感を与える言葉を使っていたとしたら、それはもったいないことですからね。

小さな違和感を与えないようにすること

テレビのロケ番組などを観ていると、ときどき電話で取材のお願いをするときに、「いまお電話よろしかったでしょうか?」と聞いていたりします。

それを観ながら私はツッコミを入れていますが、テレビでも平気でそのような言葉づかいが流されているので、そのうち普通になってくるのかもしれません。

私なりに違和感のないセリフは**「いまお電話よろしいでしょうか?」**です。

細かいことだと思う人もいるかもしれませんね。普段の生活のやりとりだったらかまいません。ラーメン屋では私もスルーします。

でも、営業の場面では細心の注意が必要なのです。

どんなに小さなひと言でも、それが原因で話がひっくり返ることもあります。

それまで気持ちよく会話ができていたとしても、**ほんの小さな違和感で距離ができてしまうこともある**のです。意味が通じればいいというわけではありません。

売れている営業マンほど、言葉にはとても気を配っています。相手に合わせて使い分けたりもしています。もちろん、お客さまが気に障る可能性のある言葉は絶対に使いません。

とくに客層の年代とギャップがある場合には、普段の口グセを見直してみるといいでしょう。年配の上司や親などに聞いてもらって、感想をもらうのも有効です。

つい見過ごしがちな「当たり前」を疑ってみる視点を持ちましょう。

NG

相手に違和感を抱かせる

普段どおりに振る舞っているときに相手の反応が悪かったら、どこかに原因があると思ってください。お客さまが冷たいのではなく、あなたの言動がそうさせているのです。

無意識の言動が売れない原因

OK

自分の言葉を常にチェックする

自分の言葉が相手を不快にさせていると思って話している人はいません。なので常に振り返って自分をチェックする習慣を持ちましょう。

22

「お世話になります」を多用しない

営業には、本来の意味とは違う用途で使っている言葉があります。

その筆頭が「お世話になります」ですね。まだお世話になっていない初対面の人にも当たり前のように使う人もよく見かけます。

いわゆる営業のあいさつ言葉と化しているのですが、だからこそ多用は禁物です。

違和感を与える場面では使わない

あいさつ言葉として広く使われているからといって、相手に違和感を持たれるようなら逆効果です。

ちなみに私は、テレアポや飛び込み営業などで、第一声に「お世話になります」を使われると違和感を覚えます。心の中で「とくにお世話なんてしてないよ」と言いたくなるのです。

まあ普段から人にそう教えているので、過敏になっているところもありますが。

私ほどではなくても、「ん?」と感じる人はいるはずです。

メールの書き出しや名刺交換の場でも使われているのをよく見かけます。

便利なだけに、言葉に困ったらとりあえず使っておけばいいと思っている人もいるでしょう。

でも、もっと適した言葉を選んだほうがよい場合もあるのです。

相手との関係性で使い分ける

たとえばメールの書き出しを見てみます。

本当にお世話になっている人に対しては、

「先日はたいへんお世話になりました。おかげさまで体調もよくなりました」

という書き方のほうがいいでしょう。

反対に、まだお世話になっていない人に対しては、

「はじめまして。○○さんからのご紹介でご連絡させていただきました」

などと書いたほうが正確に伝わります。

ここでなまじ「お世話になります」を使うと、「あれ？　前に会ったことがあったっけ？」などと相手を混乱させてしまう恐れも出てきます。

直接会う場合でも、**「こんにちは」「はじめまして」「以前よりお会いしたいと思っていました」「またお会いできて光栄です」「先日はごちそうさまでした」**など、相手との実際の関係に合わせたあいさつ言葉を使うべきです。

なんでもかんでも「お世話になります」を使っていると、逆に薄っぺらく思われてしまうこともあるので気をつけましょう。

売れている営業は、一見おおざっぱに思える人でも、じつはとても繊細で注意深い振る舞いをしています。言葉ひとつでも、なんとなく使うか意図して使うかで相手からの印象が変わってきます。

まず手始めに、普段使っている「お世話になります」を見直してみましょう。

当たり前のことにこそ疑問を持つ

NG

当たり前のように使っている

みんなが使っているものなので、何も考えずに使っても大きな問題にはなりません。しかしそれでは、いつまで経ってもまわりのみんなと変わりません。

OK

使う場面を選んでいる

誰に対してもマニュアルどおりに行うのではなく、相手に合わせて使う言葉もアレンジしましょう。それを考える習慣が大切です。

23

「なるほど」を連発しない

相手の話を聞くという行為は、営業にとって最も重要なことです。お客さまの考えていることや判断のしかたなどをきちんとヒアリングすることは、その後の商談の命運を左右する要素でもあります。

ただし、質問することばかりを意識していると、つい忘れがちなことがあるので注意してください。

その返事でお客さまはどう感じるのか？

質問をして答えてもらうのはヒアリングの基本形です。商談するにあたっても、相手のことを知らなければ満足な提案もできません。ヒアリングの重要性はあなたも十分にわかっているでしょう。

それでもときどきこんな人を見かけます。ヒアリングシートに沿って、上から順に質問していく営業マン。質問を読み上げて答えてもらうことを作業的に行っていて、相手の答えに対して「なるほど」で終わらせて次の質問に入ってしまう人。

一応リアクションはしていますが、何を言っても「なるほど」しか返ってこなかったら、話はそこで終わってしまいます。答えがいもなくなります。

一見すると、話を理解しているような返事ですが、**あまりに連発していると「この人は本当に話を聞いているのかな？」と相手に疑問を持たせる**ことも……。

これも口グセになっている人は、気をつけたい部分です。

大切なのは理解している合図

相手の話に対して、「なるほど」と言うのは間違いではありません。本当にそう感じていたら自然な返事です。ただ、**連発しそうになったら、返事をアレンジする意識も必要**です。

「そうなんですか」「すごいですね」「わかります」など、同じ意味でもセリフを変えることで、語彙のキャパシティを広げるといいでしょう。

そのうえで、さらに意識すべきは**「あなたの言っていることは十分理解していますよ」という合図**です。

「なるほど、つまり○○みたいなことですね！」
「そうなんですか、まるで○○のようですね！」
「わかります。私も同じような経験をしたことがあります」

このように、言い換えたり、たとえ話を入れたりすることで、お客さまにより強くアピールできるのです。

人に話をするときに、自分の話をきちんと理解してくれていると感じると、もっと話したくなりますし、聞き手に対して親近感や信頼感を持てるようになります。

営業で売れている人というのは、決して話がうまいわけではありません。**むしろ話の聞き方がうまい**のです。お客さまに気持ちよく話してもらう習慣を、ぜひ身につけておきましょう。

質問と適切なリアクションはワンセット

NG

単調なあいづちで済ます

質問することに意識が向いていると、どうしてもあいづちが弱くなります。相手の答えよりも次の質問のことを考えてしまうからです。単調なあいづちには要注意！

OK

「聴いています」の合図を意識する

単に「聞く」のではなく集中して「聴く」ことで、相手の言葉をきちんと受け止めることができます。そうすれば自然に適切なリアクションに変わってきます。

24

気軽に「すみません」を言わない

お客さまに商品を売ることに対して、どこか後ろめたさを持っている営業マンは多いです。もちろん悪いことをしているわけではありません。

少しでも申し訳ない気持ちがあると、すぐに「すみません」と言ってしまっていませんか？　まあこれは営業というよりも、日本人の口グセかもしれませんね。

営業するのはそんなに悪いことなのか？

営業はお客さまに対して、お願いすることが多いです。すると、相手に申し訳ない気持ちになりがちです。べつに相手が気にしていなくても、ついすみませんと謝ってしまうことがありますよね。

とくに、会社から「売る」ことを強く言われている場合は、どうしてもお客さまに無理強いしていると思ってしまうので、余計に「すみません」が出がちです。

また、気が弱いタイプや人の顔色を読むタイプは、相手の気持ちを察するがあまりに、普段から謝る習慣がついていることが多いです。

本当に、相手に迷惑をかけたり、手をわずらわせてしまったりしているのなら別ですが、日頃から口グセのように謝るのは気をつけたほうがいいでしょう。

必要な人に堂々と勧めるのが営業の仕事

たとえば後輩に食事をおごったとき。「すみません」と言われるのと「ありがとうございます」と言われるのとでは、気持ちが違ってきますよね。

こちらとしては、素直に喜んでくれたほうがうれしいのです。べつに恩を着せようなどとは思っていないし、申し訳なさそうな顔をされると少しガッカリもします。

お客さまも同じです。

本当に欲しい商品を買ったのに、営業マンから「すみません」を連発されたら、手に入れたうれしさも半減します。

そもそも営業の仕事はお客さまに喜んでもらうことです。**申し訳ないことをしているのではなく、お客さまのためになることをしている**のです。そこのマインドをきちんと整理しておきましょう。

不要な人に勧めようとすると罪悪感が生まれます。

必要としている人に堂々と勧めればいいのです。

そして、**「すみません」を「ありがとう」に変換**しましょう。

「買っていただき、ありがとうございます」

「お時間をいただき、ありがとうございます」

「話を聞いていただき、ありがとうございます」

本当に役に立つことなら、お客さまは迷惑だなんて思っていません。

むしろ「こちらこそありがとう」という気持ちなのです。

そんなお客さまの気持ちになって、言葉を正しく使い分けましょう。

「すみません」は不要な言葉

NG

あいさつがわりに謝る

とりあえず謝っておけばいい、などと考えていたら間違いです。ヘタに謝るのは相手の心象を悪くすることもあるので、かえってマイナスになるのです。

OK

謝らずに済むことを心がける

遅刻や忘れ物など、小さなミスもしないように心がけましょう。そうすれば、お客さまに謝る必要性はゼロになります。「すみません」は仕事には不要な言葉です。

25

「たぶん」「おそらく」「きっと」は使わない

お客さまに対して、小さな見栄を張ってしまうことはありませんか？　営業なら自分をよく見せたいと思うのは当然です。でもそれがかえってマイナスになってしまうこともあります。口グセひとつでも、お客さまからの信頼度が大きく変わるのです。

質問に答えることを優先していないか

お客さまは営業マンにいろんなことを質問してきます。質問されるということは、商品に興味を持っているともいえるので、喜ばしいことです。

「納期はいつぐらい？」「耐久性は大丈夫？」「効果は出るの？」など、気になっていることをどんどん聞いてきます。

それに対して営業マンは「**たぶん**明後日には……」「**おそらく**大丈夫だと思いますよ」

「**きっと**効果は出るはずです」などと答えてしまいがち。自分でも少し不安に思っていることには、明確に答え切れなかったりします。

お客さまの質問には答えなくてはいけない……などと思っていると、とりあえず自信のない返事をしてしまうこともあります。答えられないのは恥ずかしいという、見栄もあるでしょう。

でも、**答えられないことよりも、中途半端な答えでごまかすほうが、よっぽど恥ずかしいこと**なのです。

半端な情報は不安を与えるだけ

お客さまが求めているのは、とりあえずの答えではありません。確かな答えなのです。「たぶん～と思います」と聞かされても不安が残るだけです。不安があるうちは決断には至りません。売れない原因は、お客さまの不安を取り除けないだけだったりするのです。

売れている人は、少しでも自信がないときは「わかりません」ときっぱり答えています。そのうえで、**「担当部署に確認して、詳細をご連絡します」**と言えばOK。**その場でとりつくろった返事をするよりも、持ち帰ってきちんと調べてから伝える**ことを選びます。そのほうが、お客さまのためになるうえに信頼度も上がるからです。


あなたは、知らないことは「知らない」と堂々と言えていますか？

反対に自信を持って言えることには、「たぶん」などの不確実な言葉は使わないようにしていますか？

慎重すぎる性格から、つい口グセになっていることもよくあります。

お客さまがなかなか決められないのは、決断力がないからではなくて、営業マンのちょっとした言葉が原因なのかもしれませんよ。

「納期は明後日の10時です」「1トンの荷重でも大丈夫です」「正しく使えば必ず効果は出ます」というように、きちんと言い切りましょう。

そうすることでお客さまは安心して判断できます。

説得力というのは、言葉の強さや気持ちの問題ではありません。あやふやなニュアンスの言葉を使わずに、正確な情報を自信を持って伝えればいいのです。

説得力のある言葉を選ぼう

NG

とりあえず答えることを優先する

不確かな情報は伝えても意味がありません。その場で答えることよりも、正確に答えることを優先させましょう。

OK

知らないことは「知らない」と言う

知ったかぶりをしてもすぐにバレます。後々のトラブルの原因になることもあります。知らないことは素直に「知らない」と伝えることで、正直さをアピールできます。

26

「でも」「しかし」「だけど」で反論しない

人と人との会話は、いつもスムーズにいくとは限りません。営業とお客さまとの会話でも、ときには反対意見としてぶつかることもあるでしょう。それは当然のこと。問題はそのあとの行動です。相手を言い負かすことがすべてではありません。

お客さまの考えを否定しない

切り返しトークという言葉があります。お客さまからの断りに対して、うまく切り返して売るためのものです。NOと言っている相手にYESと言わせたい！　営業マンならそう思っても不思議ではありません。

なかには「断られてからが勝負」と考えている人もいるようです。本当にそれでいいのでしょうか？

お客さまとしても、自分が何か言うたびに、営業から「でも」「しかし」「だけど」などといちいち反論されたらいい気はしません。そのうちに感情的になって「いらないものはいらない！」とシャットアウトされたりします。

相手の感情を悪化させることなく、スムーズに話を聞いてもらうにはどうすればいいのでしょうか？

お客さまの断りも受け入れる

自分の意見が通らなかったら、相手が間違っているのでしょうか？

相手が納得してくれなかったら、自分の説明のしかたが悪いのでしょうか？

そんなことはありませんよね。

営業が同じ説明をしても、聞いてくれる人もいれば、興味がない人もいます。相手の感情や判断によって当然ながら反応も違ってきます。相手から「NO」が出るのも、当たり前のこと、つまりは想定内なのです。

トップセールスの人は、断られたからといっていちいち反応しません。

シンプルに相手の言葉を受け入れることから始めます。

「なるほど、そういう考え方もあるんですね。参考になります」

「了解です。断っていただいても全然かまいませんよ」

「ありがとうございます。率直に言っていただいて助かります」

まずは、お客さまの言葉を尊重すること。相手を認めたうえで、すり合わせていきます。

「ちなみに、どのあたりが引っかかっているのですか？」

「どこが気になっているのかを教えていただけますか？」

このようにお客さまの断る理由を探っていけば、対処法も見えてきます。


たまに「ご納得いただけるまで何度でもご説明します」みたいなことを言っている営業マンを見かけますが、これでは相手のことをバカにしているふうにもとられます。

説明や言い訳を繰り返すのではなく、お客さまの判断を認めて受け入れること。

そうすれば、関係性を維持できて、次につながっていきます。

焦らずにじっくりと信頼関係を築いていきましょう。

断られたときの反応で営業力が見える

NG 否定から入る

相手の意見をすぐに否定する言葉を使うクセがあると、大事な情報も引き出せません。断られたときほど冷静に、まずは受け入れるようにしてみましょう。

OK まず肯定から入る

お客さまにも考えがあります。それをまず認めること。真っ向から反対するのではなく、少しずつ論点をすり合わせていくほうが、スムーズに話が運びます。

27

「何かあったらよろしくお願いします」は使わない

これも営業の常套句ですね。言葉としては一応営業している気持ちになれるので、いつも使っている人も多いはずです。私もかつては当たり前のように使っていましたが、だからといって効果的なセリフという実感はありませんでした。

せっかくなので、きちんと効果が出る言葉に変えましょう。

そのセリフ、単に使いやすいだけかも？

たとえお客さまから断られたとしても、最後に「何かありましたらよろしくお願いします」と言っている営業マンは、とても多いです。言葉どおりに思っているかどうかは別として、なんとなく締めの言葉として落ち着くからです。

対するお客さまも、「わかりました」と返事をすれば、営業マンは帰ってくれるので笑顔で応じます。

お互いになんとなくいい感じで終わることができるので、とても便利な言葉ではあります。


しかし、本当に何かあったら声がかかるかというと、実際にはどうでしょうか？

待っていれば注文が入るなんて都合のいいことは期待していませんよね。

つまりは、単に言いやすいだけの言葉なのです。

では、売れている人はどんなセリフを使っているのでしょうか。

相手が行動しやすい言葉を残そう

商談をしてニーズがないことが確認できたら、基本的にその日は終了です。

ただ、売れている人は帰り際に何かしら印象に残る言葉を常にイメージしています。

まだ取引のない相手との面談だったとしたら、まずは小さな取引から始めようと考えます。そして徐々に大きなビジネスに発展させていこうとします。

たとえば印刷業だとしたら、

「うちは名刺印刷は安くて早いですよ。急ぎのときには声をかけてください」
「展示会用のチラシなどは得意なので、そのときは協力させてください」
「4コマ漫画が得意なイラストレーターがいますので、一度使ってみてください」

など、具体的にピンポイントで伝えるようにします。

もちろんいろいろな業務もできるでしょうが、あえてひとつに絞って伝えることで、強く印象づけるのです。

お客さまに「今度の展示会で試してみようかな」などと思ってもらえたら、ビジネスに発展する可能性が上がります。

「何かあったら……」ではお客さまは具体的なイメージもできませんし、印象にも残りません。そしてすぐに忘れてしまいます。声がかかることもないでしょう。

私がよく使っていた別れ際のセリフは、

「いまはちょっと忙しいんですけども、8月ぐらいに何か案件があったらうれしいです」という感じに、具体的な時期をイメージしてもらう言葉を残していました。

これも案外、効果的です。ぜひ使ってみてください。

「何かあったら」では何も出てこない

NG

決まり文句を使って安心する

営業の決まり文句というのは、言いやすいのでつい多用してしまいがち。自分を安心させるためのセリフは、意識して切り替えていきましょう。

OK

相手が行動しやすい言葉を選ぶ

印象づける言葉を使うことで、具体的な情報を相手の脳にインプットすることをイメージしましょう。何かあったらの「なに」を言い換えるクセをつけたいです。

28

「ご検討ください」で締めくくらない

決まり文句というのは便利ですが、実際には意味がないこともよくあります。

普段からなんとなく使っている言葉を精査してみると、もっと効果的なセリフに置き換えることも可能です。とくに最後の締めのセリフはもっと意識して使うことで、その後の売上にも影響してきます。

断られることを恐れていませんか？

オンラインでのプレゼンテーションが終わりました。言いたいことはすべて伝えたのでホッとしています。あとはもう相手次第。

ただ相手からはまだいいリアクションはありません。本当は率直な感想を聞きたいところですが、ストレートに聞くのも怖い。そんなとき、最後に「以上です。よろしくご検討ください」と言って締めくくることはよくありがちなことです。

結論を出すことから逃げたい気持ちもあったりします。

相手も「わかりました。検討します」と言って面談は終了。

もちろん大きな間違いではありません。

ただ、これまでの面談をすべてそのように終えているとしたら、ちょっともったいないです。

検討中のお客さまが多いわりには、どれも先に進まないことの原因は、この最後のセリフのせいかもしれませんよ。

次の行動を明確にしてから終わろう

「検討する」というのは、とても都合のいい言葉です。白黒はっきりさせずに問題を持ち越すことができるからです。なので、断られたくない気持ちから「ご検討ください」と自ら言って先延ばしにしている営業マンも多いです。

営業としても断られたことになりませんし、お客さま側としてもしつこく営業されることを避けられます。

しかしそれでは話は前に進みません。

成績を出している人は、結論を出すことを優先します。中途半端で終わることは絶対に避けます。

たとえ相手の結論がNOだとしても、ずるずると追わなくて済むので、別のお客さま対応にシフトできます。そのほうが効率的ですよね。


そのためにも「ご検討ください」と言わずにこんな言葉を使っています。


「率直なご感想はいかがでしょうか？」

「何か気になる点はありますか？」

「今後はどのように動いていきましょうか？」

「ご検討の際に必要なデータなどはありますか？」


そしてニーズがある場合は、できるだけ次の面談の日程を決めます。決めておくことで、いつくるかわからない返事を待つモヤモヤもなくなります。

いずれも具体的なアクションに移すためのものです。フワッとした状況で終わらせない習慣を身につけましょう。

予定の決まらない案件をつくらない

NG

意味のないあいさつで帰る

結論を先延ばしにするクセは、自分をどんどん追い込んでしまいます。気が休まらないわりには売れない状態だとしたら、最後のあいさつをもっと意識しましょう。

OK

次につながる言葉を使う

普段、無意識に使っている言葉を見直すだけでも、お客さまの反応や成績は変わってきます。次につながる言葉は何かを、常に考える習慣を持ってください。

column 3

気になるログセ「まあ」と「はい」

私は普段、営業マンへ個別コンサルティングを行っています。その際に、通常ならスルーしてもいいレベルのことも指摘するようにしています。

Nさんは、私が何か質問して答えてもらうときに、「まあ」という言葉が頻繁に入っていました。

「そうですね。**まあ**、その点についてはひと言では説明しづらいのですが、**まあ**、簡単に言うと、**まあ**そうですね、少し高くなっていますね」

気にしなければどうということではないのですが、一度気になりはじめるとかなり耳についてきます。とくに、説明に自信がないときにはより多くなるようです。

Sさんの場合は「はい」がログセです。

「**はい**、おっしゃるとおりです。**はい**。機能は同じだと考えてください。それでですね、**はい**、こちらの資料をご覧ください。他社との比較表になっています。**はい**」

自分でリズムをとるクセのようですが、やはり気になります。

ほかにも会話の中に「え〜」が頻発する人もいます。

指摘されなければ、お客さまに対しても使い続けるでしょう。大問題というほどでもありませんが、余計なログセはないに越したことはありません。

あなたはいかがでしょうか？　一度、まわりの親しい人にチェックしてもらうといいでしょう。無意識のクセというのは、自分ではなかなか気づけません。

言葉の健康診断をする意味でも、自分に変なクセがないかを確認してみてください。

第4章

売れる営業の「思考」の習慣

29

目の前の人に売ろうとしない

目の前にお客さまがいたら、条件反射のように売ろうとしていませんか？

「そんなの営業だから当たり前でしょ」という声が聞こえてきそうです。

もちろん、売るのが営業の仕事ですが、いつでもどこでも誰にでも売り込むべきかというと、そんなことはありません。売れている人の思考を見てみましょう。

売れない原因は「売りたい」気持ち

新規開拓を一生懸命に頑張って、ようやくアポがとれたお客さま。せっかく会えるのだから「売りたい！」気持ちが強くなるでしょう。当然です。いつも以上に気合いが入って売る気満々で面談に臨みます。

でも、そんな営業マンが訪問してきたらお客さまはどう思うでしょうか？

気合が入っていて感じがいいなぁ〜、なんて絶対に思いません。むしろ警戒します。なまじいい対応をしてしまうと、どんどんその気になって売り込みが強くなるので、極力そっけない態度で応対します。

営業マンの売りたい圧力が強いほど、お客さまは心の扉を閉ざします。

これはおそらく営業ならわかっていることだと思います。

それでも「売る」のが仕事だからと、売り込むことが習慣になっているとしたら、そこから抜け出すことをお勧めします。

「売らない」判断でフォロー客を増やす

いくらこちらが気合いで話をしたとしても、お客さま側にニーズがなければ売れません。欲しくもない商品を熱く語られても迷惑なだけです。断ってもあきらめない営業マンに対して、お客さまは「もう会いたくない」と思います。

ここが売れない人とトップセールスの分かれ目なのです。

目の前の人になんとか売ろうとするか、目の前の人に売れないことがわかった時点で方向転換するか。

売れている人は、今日は売れないとわかった時点で、売り込むことをやめます。それ以上やっても無駄ですし、売り込むほど嫌われてしまうからです。


もちろん、「売らない」と決めたらその場では売れません。

でも、後々売れる可能性は残ります。売れている人は、**いまは買わないけどそのうちに買ってくれるかもしれないお客さまを、たくさん抱えている**のです。そうしてフォロー客を増やしていけば、訪問先にも困りませんし、紹介してもらえる可能性も残ります。

目の前の人に売ろうとばかりしていると、そのうちに買ってくれるはずのお客さまを取り逃がします。もちろん紹介も期待できません。いつも新規を追いかけて苦労し続けることになるのです。

会う人すべてに売れるわけはありませんよね。売れなくても普通なのです。

その売れない人たちとどう向き合うかを考えて行動すること。

そうすればあなたの営業の幅はグンと広がります。

「いますぐ」売ることが仕事ですか？

NG

常に目の前の人にだけ売ろうとする

もちろん目の前の人に売ろうとすれば一定数は売れるでしょう。でも売れなかったお客さまには今後も売れませんし売るチャンスもなくなります。

OK

見えていない人にも売ることを考える

目の前の人に商品を売るのではなく、自分を売ることを考えましょう。そうすればたとえその人には売れなくても、まわりの人に紹介で売れる可能性が残ります。

30

お客の心の中を読み取ろうとしない

相手の考えがわかったらいいですよね。とくに営業の場合は、お客さまが何を考えているのかが見えにくいので、余計に読み取りたくなります。でもそこが要注意。心理テクニックなどを使おうとして相手にバレたらアウトです。見透かされます。

では、どうしたらいいのでしょうか。

勝手な想像は営業を停滞させる

私はとても臆病な性格なので、人の考えが気になります。営業をやっているときも、お客さまがいま何を考えているのかが気になってしかたがありませんでした。

「なんか気が乗らないみたいだな」

「あまり興味がなさそうだな」

そんな勝手な解釈をして、こちらから商談を終えたりもしていました。するとそのお客さまが別のところから商品を買った、と伝え聞いてガッカリすることも何度かありました。

逆もあります。相手の反応がよかったので、買ってくれると（勝手に）思い込み、話を進めようとしたらあっさり断られたり……。

お客さまの心を読もうとしても、なかなか思いどおりにならないのが現状です。

あやふやなことこそシンプルに聞く

売れない頃の私はこう思っていました。聞いて答えてもらうよりも、こちらが言い当てたほうがいい、と。つまり相手の心の中を察することができるほうが、営業として上だと思っていたのです。

でも、それは間違っていました。当時のトップセールスの営業を見て痛感しました。

その人は、簡単なことでもとにかく聞きます。

「それってどういう意味ですか？」

「なぜそう感じたのですか？」

こちらでも**ある程度は想像できそうなことでも、素朴に質問する**のです。

すると、お客さまはなぜかうれしそうに話しはじめます。よくぞそれを聞いてくれましたと言わんばかりに。

それに対して、売れる営業マンは**「そうだったんですか！」「それはすごいですね！」**などと楽しそうに聞き入ります。お客さまはますます明るい表情になります。

その流れで、

「この商品についてご興味はありますか？」

と、気になっていることを聞くと、お客さまは本音で話してくれやすくなります。

お客さまの心の中を読もうとしても、それは営業マンの勝手な思い込みでしかありませんし、外れることも大いにあります。もちろん確信も持てないままです。

そんな中途半端な状態で、お客さまと接するよりも、お客さまの口から本音を話してもらえるように働きかけること。それこそが、上級者の考え方なのです。

人の心の中なんて、他人がわかるわけがないのですから。

答えは読み当てるよりも聞くほうが確実

NG
相手の気持ちを勝手に想像する

なんでも聞けばいいというものでもありませんが、大事なところはきちんと聞くようにすべきです。勝手に想像するのは、相手にも失礼なことだと知っておきましょう。

OK
相手に本音を言ってもらうことを意識する

お客さまと腹の探り合いをしてもうまくいきません。本音で話をするためにはどうすべきかを、優先的に考える習慣を持ってください。

31

信頼を損なわない

上司からのプレッシャーや厳しいノルマを与えられると、どうしても「売らなきゃ」という気持ちが強くなります。もちろんそれは営業として大切なことですが、何がなんでも売りたいと思えば思うほど、強引な手法になりがちです。「売る」を優先しすぎることの弊害は、意外と大きいものです。

売上と信頼関係のどちらを優先するか？

上司「おい、例の交渉中のお客さまはどうなってる？」
営業マン「はい、まだ検討してもらっている最中ですが……」
上司「どうにかして話を進めてこい。今月の売上に間に合わせるように頼む！」
営業マン「はあ、でも……」

上司から無理なことを言われて困惑する営業マン。

しかたなくお客さまのところへ行って「今月中に決めていただけませんか？」と恐る恐る聞いてみると、「だからまだ検討中って言ってるじゃないか」と叱られてしまいました。せっかく築いてきた信頼関係も揺らいでしまったようです。

上司からは責められて、お客さまからは嫌われる。

あなたは、そんな板挟みのような経験はありませんか？

営業が売ろうと思うほど、お客さまの心は離れていきます。

トップセールスたちは、そんなときどうしているのかを見ていきましょう。

お客さまのための行動に徹すること

本来、営業というのは、困っているお客さまに問題解決の手段を提供するのが役割です。お客さまは「助かった」と喜んでくれるのが通常です。

ところが、売ることを意識しすぎると、「お客さまのために」という気持ちよりも、「自分の売上のために」という気持ちが強くなってしまいます。自分の都合ばかりを押しつけてくる人は、たとえ相手が営業じゃなくてもイヤですよね。

何度もいいますが、商売が成立するのはお客さまの「買う」という意思があるからです。営業成績は相手の気持ち次第なのです。

売れている人は、心の中では売りたいと思っていても、それを表情には出しません。あくまでも、「お客さまのため」の行動を徹底しています。

「今月の売上が厳しくて、なんとかなりませんか？」

とこちらの都合でお願いするのではなく、

「来月になると値段が上がりそうなので、今月契約したほうがいいですよ」

などと、**相手のメリットを前面に出す交渉**をします。

結果として、どちらも売れるかもしれませんが、お客さまからの信頼度は大きく違ってきます。

お客さまとの信頼関係というのは、日頃からの積み重ねで少しずつ培っていくものです。ただし関係が壊れるのは一瞬です。たった一度の自分勝手な行動で、ゼロになってしまいます。信頼を損なわないことを、常に意識して行動しましょう。

信頼されることと売上はセット

NG
信頼よりも売上を優先する

売上を優先するとどうなるか？　気軽に会える人がいなくなって、常に新規開拓を強いられることになります。つらい営業がずっと続くことになるのです。

OK
信頼されることを最優先する

お客さまとの信頼関係を第一に考えると、営業がどんどん楽になります。会話も楽しくなって、リピートや紹介も発生します。結果、売れるようになるのです。

32 「仕事と関係ない相談」を軽く扱わない

お客さまとやりとりをしていると、ときどき自分の仕事と関係ない相談をされることもあります。そんな相談に乗っても儲けにならないときどうするか？

売れる人と売れない人の違いは、こんな場面にも表れます。

儲からない仕事はやらないほうがいい!?

私は最初、コピーライターとして独立しました。広告などの文章を作成するのが主な仕事です。お客さまと親しくなっていくと、ときどき「イラストもお願いできるかな？」「印刷も頼める？」などと聞かれることがあります。でも私はできません。

基本的に文章を書くことしかできないので、当然のように断っていました。

でもあるとき、本当に困っているようだったので「なんとかしましょう」と言って引き受けたことがあります。お世話になっている人だったので、助けたいという気持ちでした。

もちろん儲けにはなりませんし、余計な手間で時間もとられました。はっきり言ってマイナスです。それでも、なんとか間に合って、お客さまも「助かった」と喜んでもらえました。

するとその後も、その人からいろいろと頼まれるようになり、そのたびにやったこともない作業をするようになりました。

数年後、仕事の幅が広がってデザイン会社を設立するまでに成長していました。

相談に乗ることで信頼を深める

あのとき、自分の仕事しか受けないスタンスだったら、仕事の幅も広がりませんでしたし、新たな学びもありませんでした。

自分と関係ないことでも相談に乗ることによって、お客さまとの関係性がそれまで以上に強固になりました。仕事量も増えましたし、紹介してくれることもたびたびありました。結果として売上につながっていったのです。

もちろん、どんな相談にも乗るというわけにはいきませんが、**可能な限りお客さまの困りごとに協力する姿勢は持っておくべき**だと思っています。

そして仕事以外の相談を受けるとさらにいいことがあります。**お客さまとの接点が増える**のです。それまでは仕事以外の話をしていなかったとしたら、必然的に接する機会が多くなります。会話も増えます。違った面からお互いのことを知ることができて、より深い関係になっていきます。

べつに恩を売って見返りをもらおうなどとも考えません。

お互いに気持ちよい関係になれたらそれだけでいいという思考です。

そのうちに、「じつは誰にも言えないんだけど……」などと深い相談も出てきます。

それだけお客さまから認められて信頼されている証です。

そうなったらもう一生ものの付き合いになってきます。仕事も盤石になります。

ぜひ、自分の仕事とは関係ないことでも、お客さまの困りごとを一緒に解決することを意識してみてください。

目先の売上よりも重視すべきことがある

NG

売上につながらない話は聞かない

自分には関係ない話をシャットアウトしていると、お客さまからの相談はこなくなります。そしていつしか疎遠になっていくでしょう。

OK

お客さまからの相談はなんでも受ける

そもそも営業の仕事はお客さまの問題解決です。困っている人を助けることです。相談されたらできるかどうかではなく、どうしたらできるかを一緒に考えましょう。

33 しつこい営業は絶対に紹介されない

私は人にしつこくお願いすることがとても苦手です。相手の困った顔を見たくありません。でも、会社によっては「しつこく粘れ」と言われている営業マンもいるでしょう。ここでは、しつこい営業について考えてみます。

しつこい営業をお客さまはどう見てる？

ところであなたは、誰かからしつこく営業されたことがありますか？

断っても断っても粘ってくる営業マン。イヤですよね。

なんとか帰ってもらったあとでも、モヤモヤした気分が続いてしまいます。

そうなるともう「二度と会いたくない」という悪印象になりますし、実際に再度連絡がきたとしても、おそらく会う約束などしないでしょう。それがお客さまの普通の反応です。

それでも世の中には、しつこい営業をしている人をよく見かけます。それは当人が、営業は断られてからが勝負だなどと思っている場合と、上司からきつく言われてしかたなくやっている場合があるようです。

いずれにしても、しつこくされたお客さまの心情は同じです。決していい感情にはなりません。相手にイヤな思いをさせてまで売ることが、本当に重要なのかをもう一度考えてみましょう。

紹介される営業マンは先を見ている！

営業によっては、毎日忙しそうに新規開拓をしている人もいます。テレアポ、飛び込みで断られる日々。心にもダメージを受けて苦しそうです。

その一方で、紹介で売上をグングン伸ばしている人がいます。いつもお客さまからの電話で楽しそうに笑っている営業マン。そして出かけるたびに契約をもらってくるタイプ。

できれば後者のような営業マンになりたいですよね。

なぜ、いつも紹介をもらえるのか？

そのヒントが「しつこさの有無」にあります。

紹介をもらえる営業マンは、お客さまに対して決してしつこい営業をしていません。仮にしつこく粘った結果として売れたとしても、売上はそれっきりです。しつこくしてくる営業マンを知り合いに紹介したいとは誰も思いません。せっかく会えたお客さまとの関係が発展しないのです。だからいつも新規開拓をせざるを得ない。

紹介をたくさんもらえる人というのは、思考が違っています。

目の前の人にいかに売るかということではなく、**「この人といかに信頼関係を結ぶか」を考えて行動しているのです。**そう考えると、しつこく粘る営業が正しいのかどうかはすぐに答えが出るでしょう。

自分の行動が、人に紹介したくなる営業マンになっているかどうかを、振り返ってみてください。その場で売ろうとする行為が、実際には紹介の可能性を消しているのです。

紹介される数が営業力のバロメーター

NG

目先の売上に執着する

今月の数字を追いかけることばかりを繰り返していると、いつまで経っても気持ちの休まらない日々が続きます。もっと先々の売上に視線を向けましょう。

OK

紹介に値する存在になろうと心がける

営業にとって、紹介されるということは名誉です。それと同時に一番楽なスタイルです。自力で新規開拓するよりも、紹介される存在になることを目指しましょう。

34

お客に断らせない工夫をする

営業をしていれば、当然のようにお客さまから断られた経験があると思います。場合によってはほとんどが断られていたりするでしょう。営業としてはそれが普通のことなので、あまり気にしていないと思います。

でも、お客さま側としたら、「断る」ということは非日常のことなのです。

ここではそこに焦点を当てて見ていきます。

お客さまをイライラさせていませんか？

営業の現場ではよくこんな声を聞きます。

「営業は断られてナンボの世界だ」「営業は断られてからが勝負だ」「断られた数だけ成長できる」などなど。

まあ、たしかに一理あるかもしれません。とにかく恐れずに行動すれば結果が出るという理屈もうなずけます。

でも、これらのセリフはすべて営業側のものです。断るお客さまなんてどうでもいいという思考にも受け取れます。ここがポイントです。


営業からのお願いごとを断る際の、お客さまの心理状況はどんなものでしょうか？断ってスッキリしているかというと、そんなことはありません。

人からのお願いを断るというのは、相手が営業だとしても気持ちのいいものではないのです。ましてやしつこく粘ってくる営業を断るというのは、かなりの労力が必要になります。お客さまも頑張って断っているのです！

そして、ようやく営業マンが退散したとしても、その後も気持ちがたかぶってしまい、普段の仕事にすぐに戻れない状態になってしまいます。

私なども、しつこい電話営業を断ったあとは、しばらくイライラが続いてしまい、そのような営業に対して嫌悪感を抱くことがあります。

つまり断られた相手を不快にさせているという現実を、まずは知っておくべきなのです。

気持ちよく「買わない」を選んでもらう

何度もいいますが、その場で売れないお客さまも、そのうち買ってくれる可能性はあります。そのためにも、**コンタクトをとったすべてのお客さまは、フォロー客として関係性をキープしておくべき**なのです。

そう考えると、相手を不快にさせるような行為は慎むべきですよね。

無理にお願いして断らせるよりも、相手が断らなくて済むような接し方を心がけたほうがいいでしょう。

売れている営業は、お客さまに「無理なお願い」をしません。そうすることで、相手は断らなくても済むのです。お願いするのではなく、**選択肢を与えて選んでもらう**のです。**「A案とB案がありますが、もちろんどちらも選ばなくてもいいですよ」**とすることで、お客さまはストレスなく応対ができます。

結果、売れなくても友好な関係を維持できるのです。

断るストレスを与えないのが一流

NG

断られても気にしない

自分の都合ばかりを押しつけていては、お客さまにストレスを与えてしまいます。売れない相手にも不快な思いをさせないことを意識しましょう。

OK

断ることのストレスを知っている

お客さまが嫌いなのは、営業マンではありません。無理なお願いを断る行為が嫌いなのです。そのことを理解しておけば、対応策も見えてきます。

35

頑張っている自分に満足しない

この章の最後に、仕事への向き合い方についてお話しします。とくに営業の場合は、頑張った分だけ成果が出るような単純なものではありません。売れている人がいつもどのような思考でいるのかを解説していきましょう。

営業の仕事は頑張ることではありません

月末になってまだ目標に達していないときがあります。最後まで頑張ったけど、どうしても売上が伸ばせないこともよくあります。そんなとき、どんな心境ですか？

「ここまで頑張って売れなかったのだからしょうがない、また来月、頑張ろう！」

「よく頑張ったと上司も褒めてくれた。まあよしとしよう」

こんな感じではありませんか？

営業って不思議な職業だなとときどき思うことがあります。結果はどうあれ頑張れば許されるような風潮があるからです。上司からもそうですが、自分でも自分を許してしまう傾向がありますよね。

しかし、営業として給料をもらって働いている以上は、成果を上げなければいけないのも事実です。自分の給料分も売れていないのに、頑張っていることに甘んじていてはいけません。そのあたりの気持ちの持ちようについて、トップセールスの心の中を覗いてみましょう。

楽に売ることを重視しながら行動しよう

売れている人の中には、ものすごく楽しそうに仕事をしている人がいます。笑いながらお客さまと電話をしていたり、鼻歌まじりで資料をつくっていたり、残業もしないで堂々と先に帰ったり……。結果をきちんと出してさえいれば、たいていのことは許されるのが営業です。

一方で、売れていない人ほど、必死な顔で残業していたりします。早く帰ろうとしたら「売れてないのにもう帰るのか？」と叱られそうだからです。なかには、頑張っているフリをしている人もいたりします。でもそれは本来の仕事とは違いますよね。

トップセールスの人は、**いかに楽に売上を上げるか**を常に考えています。手を抜くことに対して罪悪感などありません。むしろ効率を上げることに喜びを感じています。

もちろん頑張ってはいますが、**ゴールに向いた正しい頑張り**を心がけています。あわてて走り出すよりも、きちんとデータを整えてから訪問したほうが受注確率が上がると判断したら、資料づくりに時間をかけます。

一日中ランダムに飛び込み訪問をするよりも、ターゲットを決めてそれに応じたトークを準備して臨んだほうが効率が上がります。

見せかけの頑張りなど不要です。

自分の行動が、売上というゴールに向かっているかどうか。

それをあらためて見直してみてください。

どこに時間と労力をかけるかで差が出る

NG

売れなくても頑張っているからOK

頑張ることばかりを重視していると、工夫しようとしなくなります。それではいつまで経っても成長できません。

OK

結果につながらない頑張りは意味がない

頑張るべきポイントはどこかを常に見極めること。最短ルートで結果につなげるための努力をしましょう。

column 4

ときにはあきらめることも必要

頑張っているのに営業で成果が出ないことはよくあります。

ほかの人ができているのに自分だけできないとき、やはり「もっと頑張らなくちゃ！」という思考になりがちです。努力や頑張りが足りていないからできない、と思っているからです。

営業トークにしても、売れている人と同じセリフを使っても、同じような成果が出ないことがあります。それは言い方がヘタだからではありません。

そもそも違う人が言っているので、伝わり方も違って当然なのです。営業は、売れている人のコピーをしても誰でも売れるようになりません。

人の真似をしようとするほど、演技をすることになります。見本となる人が自分と違うタイプであるほど、演技のエリアが広がります。つまりは自分の個性がどんどん消えてしまいます。じつはここが売れない原因なのです。

大事なのは、いかに売れている人を真似るかではなく、いかにお客さまの前で自分の素の状態でいられるようにするかです。

お客さまは、多くの営業マンを見てきています。いわば営業を見るプロです。営業が不慣れなしゃべり方をしていたり、ぎこちない演技をしていたらすぐに見抜かれてしまいます。

「なんか、カッコつけているな～」「背伸びしているようだな～」

そう思われたら、対等の関係にはなれません。

あなたはあなたです。売れている人と同じことはできません。

人の真似をすることはあきらめていいのです。そのかわりに、どうすれば自然体で営業できるようになるのかを考えましょう。

営業は、自然体の状態が一番成果が出るのです。

第5章

オンライン時代に有効な「コミュニケーション」の習慣

36

白紙の状態で面談を始めない

世の中のデジタル化や自動化が進むにつれて、営業もかなり楽になりました。時間や労力も短縮・軽減されて効率よく仕事ができます。

ただし、どうしても自動的にできないものもあります。それは人です。商品・サービスで差がつけにくい分だけ、対人コミュニケーション能力の違いで大きな差が出る時代になってきました。オンラインでの面談もそのひとつです。

時間を有効に使っているか?

コロナ禍以降、営業まわりの環境で一番大きく変化したのは、Ｚｏｏｍなどを使ったオンラインでの面談でしょう。かつては相手と直接会って話をするのが当たり前でした。もちろんそれまでもオンライン面談はありましたが、どちらかというと遠距離だからしかたなく使うという感じでした。

当初は感染対策として使われ出したオンライン面談は、パソコンの前に座ったままで面談ができるという便利さで、広く使われるようになりました。とくに移動時間がなくなったことは営業にとって革命的なことです。


面談予定の直前まで、オフィスで別の仕事ができるのはとてもありがたい！

私も現在は、全国の人とオンラインで面談をしています。主に営業コンサルティングですが、ときどき仕事の打ち合わせなどでも使います。とくに我が家（自宅兼事務所）は僻地にあるので、人と直接会うためには、かなりの移動時間を要します。

でもオンライン面談が定着したおかげで、約束の時間の直前までネコの世話とか庭で薪割りとかもできます。

しかし、その便利さが商談の質を下げてしまうこともあるので要注意です。

準備にかける時間を確保する

面談時間の直前までオフィスにいられるので、それまではほかの作業をしていることも多いでしょう。また社内にいると、何かと雑用をさせられることもあります。

これまでなら、移動の電車の中で資料に目を通してから面談に臨んでいたものを、つい準備を怠ってしまうこともあるのではないでしょうか？

・いまから会う人は誰なのか？
・今日の面談の目的は何か？
・目を通しておくべき資料は何か？

最低限、これくらいのことは準備してから面談しないと意味がありません。


とくにオンラインでの面談は、ちょっとしたミスでもリカバリーが難しくなります。資料を探すときでも、目の前で探しているのと、モニターの向こう側で探しているのとでは、お客さまから見た印象が大きく違ってきます。

もちろん、これはリアルだろうがオンラインだろうが関係ありません。

白紙の状態で面談を始めないこと。ほんの数分の準備を怠るかどうかの違いが、結果に表れてくるものです。準備不足が露呈すると、たちまち信頼を失います。

オンライン面談はつい準備不足になりがち

NG いつもぶっつけ本番で臨む

本番に強い人など、本来はいません。ぶっつけ本番は、まぐれ狙いのギャンブルだと思っておいてください。

OK できる限りの情報を集める

準備はしすぎることはありません。私はいざというときのための資料を、常にいっぱい持ち歩いていました。その場で「ない」状態にはしたくなかったからです。

37

相手の変化を見逃さない

コミュニケーションで重要なのは、相手の情報をいかにキャッチするかです。ヒアリングで聞くことはもちろんですが、お客さまのちょっとした変化にも気がつくかどうかがポイント。そのための習慣についてお話しします。

オンラインでのアイスブレイクは難しい？

オンラインでの面談は便利な一方で、不便なこともあります。

それは、見た目の情報が少ないということです。もちろん事前情報は入手できますが、相手の姿はモニターに映る範囲だけです。直接会う場合と比べて、圧倒的に制限されてしまいます。

とくに序盤のアイスブレイクを行おうと思っても、なかなか話題が見つけられなくて苦労することも多いはず。だからといって、すぐに仕事の話に入っても、まだ会話がギクシャクして、結局うまくいかなかったりします。

いつもなら相手を観察してそこから話題につなげたりしますが、何もない状態だと焦ってしまい緊張感が出てしまうこともあります。そうなると仕事の話もスムーズに進みません。

「そもそも情報がないんだからしかたがないよ」

そんなふうにあきらめてしまいがちですが、それでも売れている営業マンは、次のようになんとかしようとするものです。

変化のポイントは有効な話題になる

たとえば、2回目の面談だとすると、相手の以前との変化に注目します。

「あれ？　メガネかけていましたっけ？」

「今日はご自宅からですか？」

「なんか、前回と背景画像が変わりました？」

など、モニター越しに得られる情報をフル活用して話題に使おうとします。ですから、1回目からの情報収集も怠りません。相手の変化というのは、アイスブレイクの話題としてはとても有効です。また、以前のことを憶えていることも伝わるので、それだけで信頼度はグンとアップします。

すぐに相手と打ち解けられる人というのは、このような機会を見逃さないものです。

初めて会う人の場合も、相手からの情報に集中します。

「なんかオシャレな場所ですね」

「カッコいい背景ですね」

「そちらの声はよく聞こえています。こちらの声は大丈夫ですか？」

視覚と聴覚をフルに使って、話のきっかけを見つけましょう。

このように、**相手を観察するためには、リラックスしていることが重要**です。気持ちに余裕があるからこそ、見えているものを話題に変換できるのです。

その姿勢は相手にも伝わるので、より話しやすい状況をつくることができます。

まず相手に集中することを心がけてみてください。

相手をじっくり観察する余裕を持つ

NG

自分のことで頭がいっぱい

気持ちがテンパっていると、視野が狭くなります。自分が何をしゃべるかよりも、いかにして相手にしゃべってもらうかを意識しましょう。

OK

冷静に相手を観察する

時間に遅れてしまったり、事前準備が足りていなかったりするだけで、冷静さは失われます。気持ちを落ち着かせて深呼吸をしてから面談に臨みましょう。

38

お客にZoomの使い方を教える

相手がオンラインツールに慣れていない場合もあります。まだ使ったことがない人もいるかもしれません。でも今後は、メールのように普通に使うようになっていくでしょう。新しいツールが普及していくときは、ひとつのチャンスです。

営業する機会は自らつくることができる

私が営業になりたての頃には、まだメールなどありませんでした。連絡手段は電話が当たり前の時代でした。

それがいまでは電話よりもメールが主流になっています。ビジネスの場で使っていない人はほとんどいないでしょう。

Ｚｏｏｍなどのオンラインツールも、いまではかなり普及しています。私もほとんどど毎日使っています。ただ、まだ使ったことがない人には、それなりにハードルが高いようです。

こちらから「オンラインで面談しませんか」と誘っても、相手が不慣れだと応じてくれません。そんなときどうするか？

私が現役の営業マンだったら、やることはひとつです。

一見、無駄な行動にこそチャンスがある

まず、Ｚｏｏｍの使い方をマスターします。セミナーなどにも参加して使いこなせる状態にします。そのうえで、まだ使っていないお客さまに教えて回ります。

「これからは主流になりますので、いまのうちに使い方を覚えておいたほうがいいですよ。何よりも仕事の効率が格段に上がりますから」

「よろしければ直接行って私がお教えしますよ」

と言って、アポをとります。そして設定もすべてやってあげます。

この時点で、信頼度は上がっていきます。

次に「ちょっと練習してみませんか？」と、オンラインでの面談の場をつくります。

実際に音声の状況なども確認しながら、さりげなく仕事の話に移します。すでに貸しをつくっている（いやらしい意味ではなく）ので、相手も拒絶はしないはずです。また、その後もときどき使い方について質問などがきたら、丁寧に教えてあげれば、より親しい関係性をつくれます。

そしてこの先も、どんどん新しいツールが出てくるでしょう。**お客さまにとっても使って便利なものなら、教えて回る**ことをお勧めします。仕事と直接関係ないことのほうが、コミュニケーションの接点としてはつくりやすいものです。接待ゴルフや飲み会と似たような効果ですね。

売れている人ほど、このような付き合い方を意識しているものです。たとえ自分の売上にすぐにつながらなかったとしても、お客さまの困りごとに応えてあげるという気持ちが大切です。

そうすると結果的に売上につながっていくものです。

売れる恩はどんどん売っておこう

NG

相手が不慣れだとイライラする

ツールの使い方がまだ未熟な人に、イライラしても双方で気分が悪いだけです。これを運が悪いととらえるか、ラッキーととらえるかで差が出ていきます。

OK

教えることで信頼関係をつくる

手間を惜しまず相手のために行動すること。その姿をお客さまは見ています。相手が喜んでくれたらそれでいいくらいの気持ちで行動すると、結果につながります。

39

売れるコツを独り占めしない

営業は基本的に一人で行う仕事です。個人別に成績で評価されるのもあって、営業チームは仲間でもありライバルでもあります。でもあまりに競争心が強すぎると、同僚との関係も悪くなってしまうでしょう。そのバランスについてお話しします。

教え合う風土を持つ会社は強い

リクルートがおもしろい会社だなと思ったのは、その独特の風土です。

たとえば、一人の営業マンが独自で新しい営業ツールをつくったとします。それを使うと商談がとてもスムーズになるものです。

すると、その営業マンはまわりの人にそのツールのつくり方を教えて回ります。自ら率先して教えるのです。しかもうれしそうに。

みんながそのような行動をとると、全体の営業スキルがどんどん底上げされていきます。結果としてみんなが売れる営業マンになっていくのです。

べつに教えたからといって、給料が増えるわけでもありません。ただ単にいいことをみんなに教えて喜んでもらうことがうれしいだけです。

もちろん、個々にはライバルですし、それぞれがトップになることを目指していきます。それでも、売れるコツを独り占めしない様子を見て、リクルートの営業の強さの一端を感じました。

情報を惜しみなく出すことのススメ

コンサルティングでいろんな会社を見ていると、たまに一匹狼的な人がいて、売れる秘訣を聞いても答えてくれないことがあります。私としては、みんなで共有すればチーム全体で売れるようになると思って聞いているのですが、「そんなこと簡単に言えるわけないよ」という感じで拒否されると、少し寂しい気持ちになります。

もしあなたが、チームのエース的な存在になったとしたら、ぜひ売れるコツをまわりの売れずに苦しんでいる人に教えてあげてください。

その人の成果が出たら一緒に喜んであげる。そんな人になってほしいと思います。

そもそも営業のコツやテクニックというのは、時代とともに変化していくものです。それを大事に抱えていても、すぐに使えなくなる日がきます。だとしたら、使えるうちにまわりに教えることで、感謝される存在になったほうが得だと思いませんか？

人に教えることで自分自身の学びも深まります。大事なことにあらためて気づかされることで成長につながります。また、情報をアウトプットすることで、さらにもっと別のコツを探しはじめます。これが習慣になってくれれば、いつの時代でも売れる営業マンとしてますます成長できるのです。

実際に私も、こうして本やメルマガや公式ＹｏｕＴｕｂｅなどで情報を発信していますが、その時々のベストのものを出すことを心がけています。出し惜しみはいっさいしていません。出し切ることで、さらなるインプットの余地ができると考えているからです。

自分が教えた人が成長する姿を見るのは、とても大きな満足感が得られます。仕事のやりがいというのは、じつはそういうところにあるのかもしれませんよ。

教えることで一番勉強になるのは自分

NG

同僚はみんなライバルだと思っている

本当のライバルは、競合他社です。社内も敵ばかりだと思っていると、味方が誰もいなくなってしまいますよ。

OK

同僚と一緒に成長する

自分だけではなく、まわりの成長も助けられる存在になること。それが結果として自分を大きく成長させてくれます。どんどんアウトプットしましょう！

40 上司に使われない

部下は上司に使われるのが当たり前だと思っていませんか？
結果を出している人は、上司もうまく利用しながら仕事を進めていたりします。
いつも指示を待つだけでなく、上司を使う思考を持ってみるといいですよ。

おいしい仕事を上司と共有する

リクルートでの営業時代のエピソード。営業マンが上司に同行をお願いするときは、たいていクレームやトラブルへの対応でした。上の人間を連れて行って一緒に謝ってもらうためです。まあそれも仕事なのでしかたがないのでしょうが、当然ながらあまり楽しそうではありませんでした。

そこで私は、自分の営業先で大きな案件が決まりそうなタイミングで、上司を同行に誘うようにしていました。後ひと押しするだけなので、たいてい商談が決まります。

やはり元々営業マンだった上司も、「謝る」よりも「売る」ことに貢献できるのはうれしいでしょう。

その後、上司が紹介を受けた案件を私に振ってくれるようになりました。

もちろん、私単独で決めたほうが自分としては気持ちがいいですが、上司と喜びを共有することで得られるものも大きかったという体験です。

上司だって営業ツールのひとつ

たとえば、いつも上司から「飛び込み営業をもっと頑張ってこい！」と指示されているとしたら、「今度一緒に飛び込み営業に同行してもらえませんか？」と言ってみるのもありです。

若い営業マンでは話を聞いてくれないときでも、課長とか部長とかの肩書を持った人と一緒に行けば、受け入れてくれることもあるのです。

実際に上司の営業を見るだけで参考にもなりますし、何よりも一緒に行動することでコミュニケーションがとれます。テレアポだって見本を見せてもらうのもありなのです。どんどん自分の営業に誘ってみましょう。

上司はべつに偉いわけではありません。会社の中での役割が違うだけです。肩書を持った人をうまく利用することで、売上に貢献できるのなら、どんどん使っていいのです。

売れている営業マンは、自分だけの力で結果を出すだけでなく、まわりの人を上手に使っているものです。たとえ上司であってもです。

もしも、いつも上司から話しかけられてばかりいるのなら、今度はこちらから話しかける意識をしてみましょう。同行の依頼でも、仕事の相談でも、プライベートの悩みごとでもいいです。

上司としても、自分が指示しなければ動かない部下よりも、自ら動いてくれる部下のほうが信頼できるのです。ぜひ上司を使ってあげてください。

使われるだけでなく、使うのがトップの行動

NG

上司の指示を待つ

指示を待つのは簡単です。何も考えずに黙っていればいいのですから。でもせっかく仕事をしているのですから、少しでも自分の成長につながることをやるべきです。

OK

上司をうまく使う

上司をうまく使うことで、自分の仕事をやりやすくするのはもちろんのこと、上司との関係性も良好になる。そんな使い方を考える習慣を身につけましょう。

41

進捗状況で心配をさせない

この章の最後に、上司とのコミュニケーションで押さえておきたいポイントをお話しします。といっても、無理して仲よくすることではありません。普段の仕事にひと手間加えるだけで信頼関係を深める方法です。

その仕事のしかたは上司を心配させていないか

私が以前、デザイン会社をやっていたときのこと。少し大きめの仕事を一人の部下に任せることにしました。納期は1週間。まじめな性格の彼はその作業に没頭していました。

ただ、任せたとはいうものの、根っから心配性の私は進み具合が気になってしかたがありませんでした。

・説明した主旨とズレていないか？

・納期には間に合いそうか？

・どこかで行き詰まっていないだろうか？

など心配ごとが次々に浮かんできました。でも任せた以上は、途中で口を挟むのもよくないかなと思って、気になりつつも我慢していました。

そして期日の1週間目。私はずっと待っていましたが、彼はまだ作業を続けています。その日の夕方、しびれを切らした私は彼に話しかけました。

「どう？　今日までだけど終わった？」

すると彼は、

「いえ、まだ終わりそうにありません」と言って途中経過を私に見せました。

なんと、半分くらいのところで止まっていたのです。

行き詰まっていたなら相談してほしいし、何より納期に間に合わないようなら事前に報告してほしいと伝えて、その後はまわりのスタッフにも手分けして作業を終わらせました。

その後、彼には大事な仕事は任せないようになりました。

安心して任せられる人を目指す

営業でも、ときには上司から資料づくりなどを任されることもあるでしょう。

そのときに、よい資料をつくることはもちろんですが、同時に上司への配慮も心がけてください。

- **30％くらい進めたところで、方向性が間違っていないかの確認をする**
- **50％くらいで、中間報告をする**
- **80％くらいで、進捗報告をして、納期に間に合う予定であることを伝える**

とくに、重要なプロジェクトであるほど、こまめな報告をしたほうがいいです。

上司は、自分を安心させてくれる部下に対して、信頼感を深めます。次もまた任せたいと思ってくれます。

営業報告も同じで、単に結果だけを報告するのではなく、途中の進捗具合を伝えるようにしましょう。上司との信頼関係を深めることで、あなた自身の仕事もやりやすくなるはずです。

人の心配を気づかうのが一流の営業

NG

言われてから報告をする

報告することを義務と考えるか、それとも上司への心づかいと考えるかで、行動の質と結果が違ってきます。同じやるのなら効果の高い方法を選びましょう。

OK

言われる前に報告をする

報告のしかたひとつで、信頼されることもあります。これは対お客さまでも同じです。お客さまが心配しそうなことを先回りして解決するのも営業の仕事です。

column 5

つらい新規開拓をしないと決めてみる

営業の仕事の中で最もつらいのは新規開拓でしょう。とくに新人はまず新規のアポとりからスタートすることが多いはず。

その作業は過酷です。簡単にアポはとれないうえに断られまくるので心も身体も疲弊します。

そこで提案です。新規開拓をしない、と決めてみましょう。

テレアポも飛び込み営業もやめるのです。

「できればやめたいけど、でもそういうわけにもいかないよ」

そんな声が聞こえてきそうです。

でも、会社からの命令で新規開拓ができないとなったらどうしますか？　何か別の方法で新規のお客さまと会うことを考えますよね。テレアポなどの手段にばかり頼っているから、ほかの方法を考えなくなるのです。

たとえば、一番効率がよいのは「紹介」です。偶然、誰かに紹介されるのを待つばかりではなく、戦略として紹介されるにはどうしたらいいのかを真剣に考えてみる。

実際に、私がコンサルティングで教えている人たちは、新規営業にかける時間をどんどん減らしています。テレアポや飛び込みなどはいっさいせずに、紹介だけで新規のお客さまを増やしている人もいます。

既存のお客さまからの紹介なので、お互いに話しやすい状態からスタートできて効率がよく、ストレスも減ったとのことです。

もちろん、紹介してもらうための工夫は必要ですが、つらい作業を延々と続けるよりも、営業として生産性が高くなるはず。当たり前のようにやっていることに、疑問を持つこと。それをやめてみること。そこから新しい発見が生まれます。

第6章

持続して成長する「モチベーション」の習慣

42

「売ること」だけを目標にしない

営業は一人で行うことが多いだけに、自分の気持ち次第で行動が左右されることがあります。そしてその行動がすべて思いどおりにいくとも限りません。うまくいかずに落ち込むこともあるでしょう。

そんなモチベーションを自分でコントロールするための習慣をお伝えします。

売ろうとするほど売れない現実

営業をやっていて一番つらいのは、売れないことです。上司からは文句を言われ、同僚からはバカにされているように感じて、期待に応えられない自分を情けなく思ったりします。結果も出せないのに給料をもらっていると、会社に申し訳ない気持ちになることもあります。もちろんモチベーションもマイナスです。

私も売れない頃は、オフィスの壁に張られた成績グラフが恥ずかしくてしかたがありませんでした。やる気はあるのに結果が伴わないもどかしさ……。何をやっても空回りして、何をどう頑張ればいいのかさえわからなくなっていました。

そんな泥沼から抜け出す方法はひとつしかありません。そう「売ること」です。

当然ですが、売れないときほど売ることを強く意識します。すべての行動を売ることに集中します。それで売れれば問題ないですが、そう簡単にはいきませんよね。

本書では何度もいっていますが、売る気を出すほど売れません。

そこでお勧めしたいのが、「売ることだけを目標にしない」です！

日々前進している実感を持つことが大切

売ることだけを考えていると、常に結果を出し続けなければなりません。それが楽にできるのならいいですが、今月の目標でさえ達成できない人が、来月も再来月もこの先ずっと達成し続けることが可能でしょうか？　それを一生続けることを想像できますか？　過酷な毎日しかイメージできないですよね。

営業は、売ること以外の目標を持ってもいいのです。

私がお勧めするのは2つです。

ひとつは**「自分の成長」**です。**仕事を通して自分の経験値や能力を高めることを目標にすること。**営業力を高めることをゴールにすると、困難やトラブルが起こったとしても、自分を成長させてくれるチャンスだととらえることができます。

ひとつの行動でも、「この行動は営業力につながるかどうか」という視点で見ることができるので、無駄になりません。

そして、営業力を高めれば、どこでも通用するという自信が備わります。

もうひとつは**「お客さまから信頼されること」**です。極端な話、目の前の人に売るよりも信頼されることを重視するのです。私はいつも、お客さまから一目置かれる存在になることを意識していました。そして**信頼される存在になれば、結果的に売れる**ようになっていくものです。
このように売ること以外の目標を持つことで、「売れない＝ゼロ成長」という呪縛から離れることができるのです。**日々前進している実感を持つ工夫**をしましょう。

売れなくてもOKという気持ちを持つ

NG

売れないと達成感を得られない

売ることだけの目標では、日々一喜一憂するだけです。それではいつまで経っても気持ちが落ち着きませんし、不安も消えません。

OK

売上以外の達成ポイントがある

会社の目標と自分の目標を両方持ちながら行動することで、自らの成長を実感できます。気持ちにも余裕ができることで、結果、売れやすくなるのです。

43

「やらなきゃいけない」と思わない

仕事というのはおおむねやらされ感が強いものです。「会社に行かなくちゃ」「メールをしなくちゃ」「急がなくちゃ」「報告しなくちゃ」……。もちろん本当にやらなきゃいけないことでしょうが、義務感だけで行動するのも窮屈ですよね。そんなときの気持ちの持ちようについてお話しします。

やらされた行動の悲しい結末

私は子どもの頃から、朝、歯を磨かなければいけないと言われてきました。なので、一応歯磨きの習慣はありました。歯磨き粉を歯ブラシにつけて、ゴシゴシと歯をこする作業を淡々とやっていました。

ところが、私の歯は虫歯の治療した跡だらけです。ボロボロになって差し歯にしているところもあります。まあ当然です。ちゃんと磨けていなかったのですから。

だいぶ大人になってから、歯医者さんに正しい歯の磨き方を教わったとき、これまでの自分の歯磨きは全然ダメだったことに気づきました（遅すぎ！）。

いまではブラシを当てる角度や方向なども意識しながら、きちんと磨く習慣がつきました（当たり前のことですけどね）。

何がいいたいかというと、**やらされていることというのは、単なる作業になりがちだということです。**強制力や義務感で、作業自体はやりますが、それをやる意味や本質の部分が欠けてしまいがちなのです。

そうなると、私の歯磨きのように精度が落ちてしまったりするのです。

やらなきゃいけない理由を考える

あなたは「～しないといけない」を口グセのように使っていませんか？

強制力のある言葉ですが、一方では単なる作業になってしまう危険性もあります。

同じやることでも、自主性を持って行動すると成果も違ってきます。

早くしないといけないのは、なぜなのか？　そうあらためて考えてみる。

すると、

- **渋滞にはまっても遅刻しないようにするため**
- **ギリギリになってお客さまをイライラさせないため**
- **早めに提出して上司を安心させたいため**

などの本質が見えてきます。

すると、「早く仕上げよう。そうすれば上司も安心するし、そのあとの仕事もスムーズになる」という思考に変わります。当然、仕事への姿勢も変わってきますよね。

トップセールスの人を見ていると、必死になっているというよりは、どこか楽しそうに仕事をしているタイプが多いです。それは**やらされ感ではなく、自主的に動く習慣を持っている**からです。

やる気を出さなきゃ、ではなく自然にやる気になる理由や目的を持つようにする。目の前のひとつの行動は、未来につながっていくものですからね。

NG 仕事は義務だと思っている

なんでもそうですが、義務だと思った瞬間に人は考えることをやめてしまいます。せっかく仕事をしているのですから、自分にとって意義のある行動に変えたいですね。

OK 仕事は自分の成長だと思っている

仕事は単なるお金儲けの行動ではありません。自分を成長させてくれる経験の場でもあります。同じ行動でも意識を変えて行うことで将来に大きく差が出てきます。

44

まわりと自分を比較しない

人と自分を比べて優劣をつけてしまいがちなのは、子どもの頃からの習性です。テストの成績などで常に他人と比べられてきました。

社会人になっても、とくに営業は数値で結果が見える分だけ、つい人と比較したくなる職業です。でもそこにこだわりすぎていると、どうしても窮屈になってきます。

そんなときの心の置き所についてお話しします。

マイナス面ばかり気にしていないか？

小学生の頃の私はコンプレックスのかたまりでした。

「しゃべりがヘタ」「足が遅い」「おもしろいことが言えない」「消極的」「暗い」「あがり症」など、挙げはじめたらキリがないほどです。考えてみると、それらはすべて他人との比較でした。まわりの子たちに比べて自分ができていない部分を、ことさらに意識していました。

マイナス面ばかりを気にしていると、自分のよい面に気がつかないこともあります。本当はもっと得意なことがあるにもかかわらず、不得意なことを解決することに時間をかけていました。いま思えばとてももったいないことです。

営業も数値で比較しやすいので、どうしても売れている人と自分を比べてしまいがちです。もちろん、成績によって評価されることが多いので、気にするなと言っても無理があるでしょう。

でも売上ばかりを気にしていると、本来の営業のやるべき仕事がブレてしまい、結局は成績につながらない行動になりがちです。

そこでお勧めの考え方があります。

比較すべきは過去の自分

人と比べて優劣をつけはじめるとキリがありません。営業のやり方も人それぞれで違いますし、売れている人とまったく同じ行動をするのは不可能です。

本当に比べたほうがいいのは「過去の自分」です。

- **昨日はできなかったことが、今日はできている！**
- **先月と比べると、作業スピードが上がった！**
- **去年に比べたら、対人コミュニケーションはできるようになった！**

このように、自分の成長度で測るようにしましょう。

そうすると、日々の仕事の意識が変わっていきます。自分の成長にフォーカスした行動になるので、達成感が味わえますし自動的にモチベーションにつながります。

他人との比較ばかりしていると、常に劣等感とプレッシャーにつきまとわれてしまい、仕事も楽しくなくなります。

本来、仕事（営業）は自分のために行うものです。経験値を上げたり自分を成長させたりすることに焦点を当てるだけで、仕事の質も変わってきます。すると、自然に成果につながり、まわりからの評価につながっていくものです。

自分の成長こそが成績アップにつながる

NG

いつも他人と比較して落ち込む

他人との比較は、劣等感と優越感を行ったり来たりするだけです。無駄に気持ちを上下させるだけで常にストレスを抱えてしまいます。

OK

自分の成長に達成感を覚える

過去の自分と比べることで成長の度合いが実感できます。日々、達成感を持つことで高いモチベーションを維持することができ、その結果が仕事にも反映します。

45

一人で解決しようとしない

営業は個人競技のようなものです。自分で頑張らなければ結果も出てきません。新規開拓からお客さまのフォローまでなど、仕事の幅も広いことが多いのでマルチな作業も求められます。でもすべてを一人でやろうとすると、自分を追い込んでしまうことにもなりかねません。ときには人に任せることも考えてみましょう。

仕事を抱えすぎるとモチベーションが下がる

私は性格的に、人に何かをお願いするのがとても苦手です。これを頼んだら迷惑がられるのではないかとか、断られたらどうしようなどと考えると、だったら自分でやったほうがいいや、となってしまいます。

売れない時期はそれでもいいのかもしれませんが、売れはじめると忙しくなってくるのが営業の仕事の特徴です。納品やスケジュール調整、フォローなどの作業がどんどん増えてきて、それをすべて抱え込もうとすると無理が出てきます。

それでも私はすべて自分でやろうとして、いつも深夜まで仕事をしていました。

そうなると、今度は「売る」ための時間が減ってきます。営業成績も頭打ちになってしまいました。

さらによくないのは、売ったらまた自分の仕事が増えて苦しくなると思うと、どうしても営業に対するモチベーションが下がってしまったのです。

そうならないためにも、普段から**「一人で解決する」という習慣を見直す**ことをお勧めします。

人に任せるコツは「相手の成長」

では、なんでも人にお願いすればいいのかというと、そう簡単にもいきません。

「これコピーしておいて」「これ届けてきてくれる?」などの単純で突発的な仕事というのは、頼まれる側としてもあまり楽しくないでしょう。つまらない仕事は、頼む側としても申し訳ないというプレッシャーになります。

そこでお勧めしたいのは、**「相手を成長させる」という思考**です。

たとえば相手が部下だったら、単純な作業をやらせるのではなく、「この部下を成長させるにはどんな仕事を任せるべきか」という感じです。

・企画書を任せてみるか！

・お客さまとのスケジュール調整をやらせてみよう！

・キャンペーンのプランを考えさせてみよう！

部下の成長を考えることで、何も考えなくてもできるような簡単な仕事だけではなく、もっとやる気になるような重要性のある仕事も任せられるようになります。

そうすれば、私のような性格の人でも、申し訳ない気持ちが消えて、自信を持って仕事を頼むことができます。部下も張り切ってやってくれます。

そして、部下が成長してくれれば、より自分にしかできない作業に集中できますし、会社としてもプラスになるでしょう。まさにＷＩＮ・ＷＩＮ・ＷＩＮですね。

ぜひ、人に任せる習慣を持つようにしてください。

自分のためにではなく、相手のために!

NG

一人で仕事を抱え込む

なんでも自分で解決しようとすると、どこかに無理が出てしまいます。結果にもモチベーションにもつながりません。人に頼ることは悪いことではないのです。

OK

できるだけ仕事を任せる

普段から仕事を分散することで、自分への負荷を減らして、その分クオリティを上げることを意識しましょう。組織全体を俯瞰できるようになれば、評価もついてきます。

46

ストレスの芽を成長させない

かつては、心臓に毛が生えているような人が営業に向いていると言われていました。それだけストレスに耐性がないとやっていけないという意味です。でも実際には、私も含めて気が弱い営業マンはたくさんいます。そのような人たちには、ある共通点があります。それは「我慢強い」です。

気づかないうちにストレスは蓄積している

これは日本人の気質でもありますが、我慢することが美徳だと思われている傾向があります。子どもの頃から、わがままを言ってはいけない風潮もありました。それは社会人になっても同様です。

とくに、私の専門である「内向型」「あがり症」「口ベタ」の性格の人は、我慢することが日常になっていたりします。常になんらかのストレスを抱えている状態です。

営業は、基本的に人を相手にする仕事です。なので想定外のことが当たり前のように起こります。

・よかれと思ってしたことが、相手の反発を受けてしまった
・何もしていないのに、冷たく断られた
・理不尽な要求をされた

など、ストレスの種がいたるところにある仕事といってもいいでしょう。

それらを引きずってしまうタイプなら、ストレスはどんどん蓄積していきます。

我慢強い人ほど危険なのです。

自分なりのストレス解消法を習慣化する

私は少々強めのストレスがあると、すぐに身体に表れます。下痢、食欲不振、不眠、そしてひどいときにはじんましんが全身に出てしまうほどです。

一度、ストレスを我慢しすぎた結果、6ヶ月くらいじんましんが治らなかった経験

があります。顔にまで出てしまったので仕事にも支障が出ました。

それ以来、私はストレスの芽を成長させないようにしました。

「やばい」という自覚症状が出たときは、もう遅いのです。


あなたが我慢強いタイプなら、定期的にストレスを解消する行動を習慣化したほうがいいでしょう。

ちなみに私の場合は、
・静かな喫茶店に行ってボーっとしながら本を読む
・一人で海に行って釣りをしながら浮きを眺める
・パチンコ屋に行って何も考えずにパチンコをする
とくに自覚症状がなくても、週に一度は、どれかの行動をとるようにしています。

そうすると、気分よく仕事に戻ることができるのです。

営業にはストレスがつきものだけに、自分なりのストレス解消法を準備しておくといいでしょう。

一流はストレスケアも抜かりない

NG

限界ギリギリまで我慢する

ストレスを溜めたままにしておくと、体調に影響が出るのはもちろんですが、集中力も欠けてしまいます。結果、仕事の効率が悪くなってしまいます。

OK

早めにストレスを解消する

普段の仕事をスムーズに行うためにも、自分なりのストレス解消法を見つけて習慣化するといいでしょう。脳をリフレッシュする感覚です。

47

無理にやる気を起こそうとしない

営業に限らず仕事をしていると、どうしてもやる気が出ないことは起こります。単に体調が悪いだけなど、理由もさまざまです。

でも慢性的にやる気が出ないときには注意が必要です。無理にモチベーションを上げようとしている人も見かけますが、表面だけやる気になっても成果にはつながりません。空回りしないようにするためには、どうすればいいのでしょうか？

強制されたやる気は続かない

モチベーションアップ研修などを受けると、たしかに一時はやる気になれます。テクニック的に気持ちを高めることは可能ではあります。

しかし、たいていの場合は長続きしません。強めの栄養ドリンクを飲んだときのように、効果が切れると元の疲れた身体に戻ってしまいます。

うわべだけのやる気を起こそうとしても限界があるのです。

反対に、ゲームに熱中しているときなどは、疲れていても平気で続けられますよね。仕事もこの感覚でできるようにすればいいと思いませんか？

じつは、楽しそうにしている営業マンの多くは、この「ゲーム感覚」で仕事をしているのです。

営業は、売れるルートを見つけるゲーム

「ゲームだなんて、仕事は遊びじゃないよ！」と思った方もいるでしょう。

もちろん遊びではないですが、だからといって真剣にやればいいというものでもないのです。

ゲームのおもしろさというのは、あらかじめ決まった道を歩いてゴールすることではありませんよね。別れ道のどちらを選ぶか、どの武器を装備するか、どのタイミングで攻撃するかなど、状況に応じて判断する要素がたくさんあります。そのプロセス

を経ることで、ゴールしたときの達成感が味わえるのです。

これって営業そのものだと思いませんか？

どの角度からアプローチするか、どんなツールが有効か、切り出すタイミングは？　何度もいいますが、営業は決められた行動をとっても、同じ答えにたどりつくとは限りません。**その場で最適な判断をしながらゴールを目指すもの**です。

私も営業に行くときには、「この社長から一目置いてもらうにはどうしたらいいかな」という気持ちで臨んでいました。これもゲーム感覚です。一目置かれる存在になれたら、売上も自然についてくるものです。

営業に「これをやればどこでも売れる」というような正解などありません。その時々での正解を見つける作業なのです。その作業を楽しむ習慣を持つことで、自然にモチベーションが上がります。

本当のやる気というのは、外からの刺激で上げるのではなく、自分の内面から湧いてくるものです。営業というゲームでどう遊ぶかを考えてみてください。

遊び感覚で仕事ができたら最強

NG

外部の刺激でやる気を起こす

人に注入してもらったやる気など、その場だけのものです。無理して上げたモチベーションは、仕事の役には立ちません。

OK

内面から自然にやる気が起こる

営業の一部の場面だけでもいいので、ゲーム化してみることをお勧めします。自然に楽しめているときこそが、やる気ＭＡＸの状態です。

48

目先の売上にこだわらない

さてこの本の最後のお話です。営業はその習慣によっては、将来の人生を大きく変えてくれる仕事だと私は思っています。心がけひとつで、明るく生きていくための選択肢をいくつ持てるかが決まります。

不安定な時代だからこそ、いつでもどこでも生き抜くことができるような、そんな営業力を身につけておきましょう。

売上目標の先に焦点を当てる

会社に決められたノルマを達成することは、営業マンのひとつの目標です。目標があるから頑張れるし、到達したときの達成感も味わえます。

ただ、今月のノルマをクリアしたとしても、次の月になれば数字はリセットされます。毎月それを繰り返しながら、年数を重ねていく……。もちろんそれは悪いことではありません。会社に貢献しながら給料をもらい続けていければ、何も問題はないでしょう。

しかし、これからますます加速していく高齢化社会、長引く不況、物価の高騰、不安定な世界情勢など、マイナス要素もたくさんあります。実際に、この先もずっと安泰という会社はごく少数でしょう。ちなみに私が新卒で入社した一部上場の会社はすでになくなりました。

これからは、会社に居続けることにウエイトを置くのではなく、どこでも通用する存在になることに重点を置く必要があります。

そのためにこだわるべきなのが「営業力を身につけること」なのです。

「営業力」という一生ものの財産を身につけよう

営業力とは、いつでもどこでもなんでも売れる力のことです。いまの会社で扱っている商品だけでなく、違う業種に行っても成果を出せる能力です。産休や育休で長期休暇をとったとしても、復帰してすぐに活躍できる力です。もしいまの会社を辞めたくなっても、好きなところへ転職できるものです。

それが身につくと、生きる自信が持てるようになります。

私のような、社会生活に不向きなタイプでも、どこに行っても通用するという自信を持てることは、何よりも貴重な一生ものの財産になっています。

目先の売上目標だけを目指して行動するのではなく、いまの仕事を通して自身の営業力を高めることを目的にしてみましょう。そうすることで、すべての行動が変わってきます。

・トラブルが起きたら「これでまた営業力が鍛えられるぞ」と考える

・上司から理不尽な叱られ方をしたら「この言い方をしたら、部下から嫌われるんだな。将来のための参考になるな」と思える

自分のために、いまの仕事を目いっぱい利用すればいいのです。そして、明るい将来に向けて、営業力を身につける努力をしてください。

ゴールを変えるだけで自然にやる気が出る

NG

売上のみが目的になっている

日々の売上目標をゴールにしている仕事は、数字を上げることだけに追われてしまいます。その繰り返しで成長できるのかを、いま一度考えてみてください。

OK

売上以外の目的を持っている

営業力を身につけるという目的を持つことで、成長を実感しながら仕事も心も安定していきます。自身の明るい未来を手に入れるために、日々行動はあるのです。

おわりに

習慣というのは、便利でもあり恐ろしいものでもあります。よい習慣を身につければ、仕事も人生もプラスに働いてくれますが、悪い習慣が身についていると、マイナスに作用してしまいます。

売れる人と売れない人の差は、本書で解説したような小さな習慣の違いです。

それに気づけば、もう大丈夫！

明日からはぜひ、正しい行動習慣を意識して営業に行ってください。

最後に私からプレゼントがあります。

本書を執筆するにあたって、構成の都合で割愛した原稿がたくさんあります。

実際に私がワードで書いている元データのまま無料で差し上げます。

こちらからダウンロードしてください。

ＵＲＬ：http://pictworks.com/syukan32p

渡瀬　謙（わたせ　けん）
有限会社ピクトワークス代表取締役。1962年、神奈川県生まれ。明治大学卒後、精密機器メーカーに営業職として入社。その後、㈱リクルートに転職。入社10か月目で営業達成率全国トップになる。94年に有限会社ピクトワークスを設立。広告や雑誌制作などを中心にクリエイティブ全般に携わる。その後、事業を営業マン教育の分野にシフト。内向型で売れずに悩む営業マンの育成を専門に、「サイレントセールストレーナー」として、オンラインで全国の営業マンを教えている。
著書に『"内向型"のための「営業の教科書」』（大和出版）、『トップセールスが絶対言わない営業の言葉』（日本実業出版社）など多数ある。

ホームページ
http://www.pictworks.com
公式YouTubeチャンネル
https://www.youtube.com/@silentsales
Instagram
https://www.instagram.com/watase_ken/

トップセールスが絶対《ぜったい》やらない営業《えいぎょう》の行動習慣《こうどうしゅうかん》

2023年6月1日　初版発行

著　者　渡瀬　謙 ©K. Watase 2023
発行者　杉本淳一

発行所　株式会社日本実業出版社　東京都新宿区市谷本村町3-29 〒162-0845
編集部　☎03-3268-5651
営業部　☎03-3268-5161　振　替　00170-1-25349
https://www.njg.co.jp/

印　刷／壮　光　舎　　製　本／若林製本

ISBN 978-4-534-06017-4　Printed in JAPAN